E. DEVAUD

don de l'éditeur

La Lecture intelligente à l'École primaire

:: ESSAI DE TECHNIQUE PÉDAGOGIQUE

Bloud et Gay

BLOUD & GAY, Éditeurs, 7, place St-Sulpice, PARIS-6ᵉ

B. Noyé *Professeur à l'Institution Leidrade à Lyon.*	**GRAMMAIRE LATINE** RATIONNELLE ET PRATIQUE 1 vol. in-8, cartonné... **2 50**
Jolivald et Poulmaire *Professeurs à l'École Sainte-Geneviève à Paris.*	**GRAMMAIRE ALLEMANDE** COMPLÈTE 1 vol. in-8, cartonné... **3 »**

A. PRÉVOST et J. LAURENT
INSTITUTEUR — LICENCIÉ ÈS LETTRES

Cours de Langue française
rédigé conformément au nouveau vocabulaire.

I — COURS ÉLÉMENTAIRE ET MOYEN

> Grammaire
> Exercices
> Morceaux choisis
> Rédaction

1 vol. in-8 illustré, cartonné.
— **1 20** —

II — COURS MOYEN ET SUPÉRIEUR

> Grammaire
> Exercices
> Élocution
> Vocabulaire
> Morceaux choisis
> Rédaction

1 vol. in-8 illustré, cartonné.
— **1 40** —

La
Lecture intelligente
à l'École primaire

DU MÊME AUTEUR

L'Enseignement de l'Histoire naturelle à l'École primaire, Payot et C¹ᵉ, Lausanne et Paris.

La Correction des Défectuosités du parler, Payot et C¹ᵉ, Lausanne et Paris.

Tableaux intuitifs d'Enseignement religieux, Saint-Paul, Fribourg.

E. DÉVAUD

PROFESSEUR DE PÉDAGOGIE A L'UNIVERSITÉ
ANCIEN INSPECTEUR DES ÉCOLES DE FRIBOURG (SUISSE)

La Lecture intelligente à l'École primaire

Essai de technique pédagogique

PARIS
LIBRAIRIE BLOUD ET GAY
7, PLACE SAINT-SULPICE, 7

1914
Tous droits réservés

AVANT-PROPOS

—

Ce modeste essai de technique pédagogique s'adresse aux maîtres de l'enseignement primaire.

Les instituteurs ne composent ni n'éditent de livres de lecture. Nous n'avons donc rien dit de la facture ni du choix des morceaux dans un recueil de ce genre, ni de son impression, ni de son illustration.

Les exercices qui ressortissent exclusivement aux professeurs des classes secondaires, comme l'explication et l'analyse littéraires, ont été systématiquement écartés.

Nous n'avons pas jugé bon d'encombrer les pages de ce volume de notes et de références d'articles et d'ouvrages que les instituteurs ne peuvent guère se procurer et n'ont pas le loisir de lire. Nous avons évidemment mis à contribution la science et l'epxérience de nos devanciers, soit de langue française, Doliveux, Carré, Brunot, Bouchendhomme, Poitrinal, Maurice, soit de langue allemande, Lüttge notamment.

Notre travail se borne à la pédagogie de la lecture dans les cours moyen et supérieur. La technique de cet enseignement dans les cours inférieurs est bien connue, en général, et bien pratiquée. Par contre, les maîtres sont souvent embarrassés de savoir à quoi appliquer leur effort, dès que l'enfant possède suffisamment le mécanisme de la lecture. Les uns se rabattent sur la diction, les autres se perdent en interminables interprétations du fond et de la forme et muent les leçons de lecture en leçons d'histoire, de géographie, de science, de morale, de grammaire et d'orthographe. Nous avons donc essayé de donner à cet enseignement un but, une direction générale, une unité fondamentale, sans nuire à sa variété et à sa souplesse ; puis d'assigner à chacun des cours sa tâche propre et ses exercices particuliers.

Le pédagogue ne peut émettre que des théories forcément un peu générales. Le réel est infiniment plus riche que la plus riche des imaginations ou des éruditions ; aussi bien les prévisions les plus minutieuses ne sauraient épuiser la multiplicité et la complexité des cas concrets. Ces théories, les instituteurs doivent les appliquer avec intelligence, en les adaptant.

Il faut savoir se les adapter à soi-même d'abord. Même lorsque les méthodes sont extérieurement uniformes, chaque maître a sa méthode, parce que chacun la conçoit, la développe, la met en œuvre au travers de son tempérament, de son caractère, de ses habitudes et de ses idées.

Il faut savoir les adapter à ses élèves. Chaque classe a sa physionomie, son niveau intellectuel et moral propre ; bien plus, les procédés varient en somme avec chaque élève, parce que les procédés n'agissent sur les élèves et ne doivent donc être choisis qu'en fonction de l'individualité de chacun.

Il faut savoir les adapter à la matière à enseigner. Le contenu des divers chapitres impose à la leçon des conditions diverses d'interprétation. La matière même de la leçon est soumise à des lois logiques, qu'il faut savoir composer avec les règles didactiques et psychologiques. Et c'est surtout dans cette adaptation des préceptes pédagogiques aux savoirs différents que se manifeste le mieux l'art d'enseigner.

Cette adaptation intelligente de la théorie aux cas concrets s'acquiert dans la pratique raisonnée, réfléchie, de l'enseignement. Nous souhaitons que ce modeste livre provoque les réflexions des maîtres sur un point étroit de leur enseignement, mais essentiel : la lecture aux cours moyen et supérieur.

Fribourg (Suisse), septembre 1913.

LA LECTURE INTELLIGENTE A L'ÉCOLE PRIMAIRE

CHAPITRE PREMIER

POURQUOI L'ÉCOLE APPREND A LIRE

Qu'est-ce que lire ?

A la question : « Pourquoi aller à l'école ? », les gens répondent inévitablement : « Pour apprendre à lire et à écrire ». De fait, depuis qu'il existe des écoles, on y apprend à lire. On pourrait dire même que les écoles n'ont été inventées que lorsque l'écriture, et, par corrélation, la lecture ont été inventées. Lire ? Pourquoi lire ? Et quel service attend-on de la lecture ? service éminent, certes, puisque, de fait, dès qu'une lueur de civilisation apparaît dans une contrée, des écoles s'ouvrent où l'on apprend à lire.

Par l'éducation du langage, dans sa famille, l'enfant apprend à s'exprimer, et aussi à comprendre les autres quand ils s'expriment. Mais des conditions étroites et strictes doivent se réaliser pour que les hommes s'expriment et se comprennent efficacement au moyen du langage. Les interlocuteurs doivent se trouver à proximité les uns des autres ou tout au moins dans le cercle où porte la voix. A mesure que l'un d'eux s'éloigne, la conversation devient de plus en plus difficile, puis totalement impossible. Le geste peut suppléer alors à l'impuissance de la voix, mais combien imparfaitement !

Il en résulte un singulier rétrécissement de notre commerce avec nos semblables. Il nous est impossible d'entendre nos contemporains dès qu'ils ne se trouvent plus dans notre voisinage immédiat. Et ceux de nos morts, dont les enseignements pourraient nous être précieux, demeurent éternellement muets pour nous.

Or, de tout temps, l'homme s'est efforcé de briser le cercle de silence qui l'enserre. Sa patiente ténacité est parvenue à vaincre l'obstacle qui paraissait s'opposer insurmontablement à toute conversation lointaine : l'éloignement dans l'espace et dans le temps. Il a imaginé de fixer dans des signes conventionnels l'expression de ses idées, de ses sentiments, de ses désirs, de ses amours et de ses haines. Grâce à ces signes, qui sont les lettres, sa propre vie intérieure, et la répercussion de sa vie intérieure sur sa vie extérieure, ont été, pour ainsi dire, matérialisées, rendues durables et portatives. Il a communiqué avec ses contemporains, au delà de l'espace où portait sa voix ; il a pu entendre, par delà la tombe et le temps, les enseignements de ses morts.

Dès les origines de l'humanité, le langage a servi de lien entre les générations adultes et les générations en devenir. L'homme inquiet d'oublier, l'homme inquiet surtout de transmettre à l'avenir les acquisitions du passé, a d'abord confié par la parole aux enfants et aux enfants des enfants les traditions religieuses et sociales, les règles de conduite et les principes des arts et des métiers. Les conversations, les chants, les proverbes, les dictons, rythmés ou non, constituaient le mode de transmission des premiers enseignements, issus immédiatement des nécessités familiales et sociales, toute l'introduction aux biens de l'intelligence et du cœur que la génération qui vit, qui agit, a pour mission de passer à la génération qui monte et tend à la remplacer.

Mais ce n'est guère que lorsque l'écriture eût été inventée et que la pensée eût pu être arrêtée et fixée sur une matière résistante, la brique d'Assyrie ou le papyrus d'Egypte, qu'elle se fût multipliée et répandue par la copie, que la langue, et son contenu, la pensée, sont devenus vraiment des objets d'enseignement scolaire, d'enseignement social.

Faire retrouver le sens sous les signes, l'idée sous l'écriture, voilà tout l'essentiel de l'art d'apprendre à lire.

La correspondance du signe à la signification et de la pensée au signe, c'est le but premier de la leçon traditionnelle de lecture et d'écriture. Depuis, les gens d'école ont pu assigner à l'enseignement de la lecture d'autres fins, excellentes sans doute ; mais c'est la fin essentielle et primordiale que nous essayerons tout d'abord d'atteindre.

La langue s'apprend dans le milieu familial. La nature y a pourvu. Elle a donné à la mère et à l'enfant la capacité de se comprendre mutuellement sans qu'ils aient besoin des conseils des pédagogues. La lecture est déjà un produit de l'art et de la civilisation, qui nécessite une éducation spéciale. Aussi, afin que nul enfant ne l'ignore, car la connaissance de la lecture est devenue, chez tous les peuples quelque peu cultivés, de première nécessité, partout des écoles ont été créées pour l'apprendre. Et les gens du peuple ont raison de croire que l'école a failli à sa mission sociale si, en en sortant, les élèves ne savent pas lire, écrire et compter.

Celui qui ne sait pas lire demeure, à l'heure présente, en dehors de la vie civilisée. La connaissance préalable de la lecture se place à la base de toute étude, de toute formation ultérieure, puisque la lettre imprimée sert actuellement de véhicule presque unique à la pensée. L'importance de l'art de lire augmente à mesure que la civilisation se développe en étendue et en profondeur. Plus un peuple confie de richesses de pensée et de sentiment à sa littérature, plus le jeune homme qui veut se renseigner sur ce que pensent et sentent les maîtres d'hier et d'aujourd'hui doit lire et mieux il doit lire. Plus l'industrie multiplie ses produits et le commerce ses débouchés, plus la lutte pour la vie et la résistance à la concurrence deviennent difficiles et âpres, plus il est nécessaire au négoce d'étendre ses relations et le cercle de ses affaires, donc d'écrire et de lire. Plus enfin croît le pouvoir de l'opinion et la démocratisation de la vie publique, plus aussi croît pour chaque citoyen, la nécessité de se rendre compte de ce qu'on lui dit, de ce que disent pour lui ses représentants, donc de lire et de bien comprendre ce qu'il lit. Il n'est personne qui puisse vivre normalement et pleinement sa vie sociale et civique, dans la cité contemporaine, s'il en est réduit, pour communiquer avec ses semblables, aux impressions immédiates de ses sens et à l'expression orale. Aussi bien, chaque paysan, chaque ouvrier, possède son journal, et le plus pauvre des hommes tâche d'avoir le sien, comme le plus occupé. Le bien et le mal ne peuvent s'effectuer, à l'heure actuelle, sans un imprimé quelconque. Et l'ermite dans sa forêt, s'il en est encore, la religieuse dans son cloître, ont eux-mêmes besoin de lire pour nourrir leur vie intérieure.

Il faut donc lire et apprendre à lire. Mais lire

signifie comprendre la pensée confiée aux signes écrits, et en profiter pour acquérir le savoir utile à son métier, à ses affaires, à sa vie de l'esprit. Le but de l'éducation de la lecture peut donc être formulé : l'acte d'amener l'élève à comprendre ce qu'il lit d'abord, et ensuite à en profiter. Il faut lui apprendre à comprendre et à profiter, — à comprendre, pour en profiter, la pensée enfermée sous les signes. L'école doit le mettre à même de se servir, sa vie durant, du noble art de lire, pour parfaire sa formation personnelle ou pour développer son activité professionnelle. Elle doit donc le mettre à même de trouver le sens sous les mots écrits, de réfléchir sur ce sens, de se l'assimiler.

Ici, comme dans toutes les branches scolaires, le maître doit apprendre à l'enfant à apprendre ; il doit, comme en toute l'œuvre d'éducation, travailler à se rendre inutile. L'élève, quand il quitte l'école, doit pouvoir comprendre le texte d'un livre approprié à son degré de culture, en juger le contenu et se l'assimiler, et cela de lui-même, de sa propre initiative. Amener l'écolier à la possession sûre de cette capacité de comprendre et de profiter, s'appelle proprement lui apprendre à lire,

Ce n'est pas tout. Les hommes n'ont pas seulement exigé du livre de les mettre en communication avec les idées des penseurs vivants ou morts, de leur permettre d'étendre leur activité professionnelle ou leur action civique ; ils lui ont demandé une jouissance, un plaisir. Ils aspirent à se laisser « impressionner » par l'expression des idées et des sentiments des autres ; ils souhaitent revivre la vie des autres, pour échapper un moment à l'emprise lassante de leur propre vie ; ils quittent un instant la réalité brutale et les tracas immédiats pour s'évader dans le monde irréel créé par l'écrivain, pour communier avec des sentiments, des émotions, des passions qui ne sont point les leurs. Ils veulent jouir, dans leurs lectures. Il faut donc apprendre à l'élève à jouir aussi, sainement, de sa lecture.

On lit pour comprendre et connaître ; on lit pour profiter ; on lit pour jouir. Apprendre à lire, c'est amener l'écolier, par des exercices appropriés, à pouvoir, une fois laissé à lui-même, comprendre le sens de l'écrit qu'il déchiffre, à en faire profiter sa vie personnelle, à en jouir.

La réalisation scolaire de ce but.

De fait, bien rares sont les adolescents qui, au sortir de l'école primaire, savent s'instruire tout seuls au moyen d'un livre et s'assimiler le contenu d'une lecture. On peut s'en rendre compte par la difficulté qu'ils éprouvent à redire ce qu'ils viennent de lire. Ils sont rares aussi ceux qui sont capables de jouir d'une lecture, de la bien choisir d'abord et de la goûter ensuite. Les livres populaires sont trop souvent douteux de style et nuls de pensée. Il serait injuste de rendre l'école responsable de la triste valeur des lectures populaires. Mais ces lectures seraient peut-être moins insignifiantes si elles ne trouvaient pas un public disposé à s'en délecter. Or, à quoi servent les explications d'auteurs et l'interprétation des poésies et des morceaux littéraires, sinon à former le goût, à dégager des mots assemblés avec art l'impression de beauté que peut et doit ressentir l'enfant d'une belle lecture à sa portée, à lui apprendre à jouir.

On exerce l'écolier au mécanisme de la lecture. Mais cette technique doit être possédée dès le cours moyen tout au moins. On se rabat plus tard sur la prononciation, sur les pauses, sur l'expression de la lecture, besognes utiles sans doute, mais nullement essentielles. D'autres se préoccupent de faire comprendre le contenu du chapitre prévu au programme ; ils expliquent ; ils exigent un bon compte rendu ; c'est utile encore, assurément, et leurs efforts sont dignes de louanges. Mais ce qui importe, c'est, en fin de compte, que l'élève soit mis à même de retrouver le contenu, de l'extraire des signes, des mots et des phrases, de se l'approprier. Et que l'on ne mélange pas, sous couleur de concentration, les leçons et les branches les unes les autres. Il faut sérier les leçons et fixer à chaque branche sa tâche particulière. L'heure de lecture ne doit point être le moment où l'on expose et apprend les notions d'histoire, de géographie, de morale ; il ne s'agit pas d'expliquer un contenu, il s'agit de rendre l'enfant capable de saisir et de s'assimiler le contenu d'un morceau en l'extrayant du texte qui le fixe, d'y réfléchir, de le juger, de le travailler intellectuellement. Pendant une leçon de lecture, il ne s'agit pas de donner des notions sur les glaciers (Gobat, *Trésor de l'Ecolier*, cours sup., p. 386) ou sur la montagne (*Livre de lecture*, degré sup., Fribourg,

p. 302), il s'agit de trouver sous ces textes des notions sur les glaciers et les montagnes, ce qui est une tout autre tâche. Les connaissances qui concernent montagnes et glaciers doivent être communiquées pendant les heures de géographie ; l'art de saisir un sens sous un texte, d'en profiter ou d'en jouir s'apprend pendant les heures de lecture. Si les leçons de lecture peuvent être utiles aux leçons de géographie ou celles-ci aux leçons de lecture, nous consentons volontiers à ce que ces deux sortes de leçons s'entr'aident. Mais l'essentielle tâche de chaque leçon doit être accomplie pendant l'heure fixée à cette leçon ; celle de la lecture est d'apprendre à extraire un sens des signes graphiques qui le fixent. L'heure de lecture ne peut être employée que subsidiairement à parfaire l'enseignement d'autres branches.

Il ne possède pas une intelligente conception de son devoir le maître qui se préoccupe de mettre l'élève à même de comprendre un morceau avec le moindre effort d'application et qui, sous prétexte de faire mieux saisir le contenu, écarte toute difficulté, ménage toute tension d'intelligence, toute emprise personnelle sur un texte, asservit l'enfant au lieu de le libérer de son ignorance. L'élève apprend peut-être des notions intéressantes, utiles ; mais cette leçon n'atteint pas son but propre qui consiste en ce que, ces notions, l'élève les trouve par son effort personnel, dans le texte proposé, sous la sage, prudente, discrète direction du maître.

Il faut rendre l'enseignement attrayant. Le conseil est excellent. Mais beaucoup comprennent le mot intérêt, attrait, dans son sens étroit et bas de curiosité spontanée ; ils se contentent donc d'histoires captivantes et curieuses. Si la lecture ne devait être qu'une pure jouissance récréative, de pareils morceaux pourraient suffire. Mais si la lecture doit être un instrument d'instruction et de formation, l'intérêt qui lie l'esprit au contenu récréatif d'un récit plaisant ne suffit plus ; la lecture, en ce cas, est un art que l'on n'acquiert, comme toutes les autres capacités, que par le travail et l'effort. Certes, l'enfant préfère une histoire amusante aux récits historiques, aux descriptions géographiques, qui réclament un plus sérieux effort de pensée et d'imagination. « En première ligne (parmi les régions pittoresques de l'Allemagne) vient la vallée du Rhin, que tant de poètes ont chantée, peuplée de châteaux en ruines et de souvenirs, bercée par les légendes de vingt siècles. Encaissée entre des rives montagneuses plantées de vignobles fameux, le Rhin coule ses flots majestueux sillonnés par des milliers de bateaux et de trains de bois... » (Genève, deg. sup., 178). Une foule de représentations sont évoquées par ces quelques lignes : le fleuve, les collines montantes, les vignobles, les ruines et leurs légendes. L'adulte doit s lire avec attention pour saisir ces associations nouvelles de mots et d'idées, — à plus forte raison l'enfant qui n'a vu, en fait de fleuves, que le ruisseau prochain, des ruines que dans un livre d'images et des vignobles que par description d'autrui. Si l'élève lit superficiellement ce texte, il n'en sort rien... que de l'ennui ; la lecture est une articulation inutile de sons incompris. Qu'on le force à saisir l'idée, à évoquer la suite des représentations, à les synthétiser en un tableau complet, il saisit ce qu'il vient de lire et se prend à le goûter. Certes, il est nécessaire de demeurer à la portée de l'enfant ; il est nécessaire d'éveiller son intérêt. Mais l'intérêt ne s'oppose nullement à l'effort. Que le maître ne se laisse donc pas guider dans son choix par la paresse de l'élève et la peur de l'effort. Les facultés intellectuelles comme les énergies physiques ne se développent que par l'exercice et la contrainte. L'écolier qui n'a jamais lu en classe que des historiettes trop faciles ne saura point goûter d'autres lectures que les romans d'aventure, les faits-divers des journaux. L'excellence de la formation scolaire se mesure à son fruit post-scolaire. La valeur de l'enseignement de la lecture sera jugée sur ce que le jeune homme lira hors de l'école et après l'école et sur la manière dont il lira.

Les procédés d'enseignement qui écartent toutes les difficultés, et non pas seulement les insurmontables, qui éloignent tout effort voulu, toute lutte de l'esprit de l'écolier contre les obstacles à vaincre, ne peuvent communiquer qu'un art de lire superficiel, rapide, stérile. Un enseignement digne de ce nom saura mettre dans la leçon de lecture un intérêt plus haut, qui provoque l'attention volontaire. La lecture alors, tout en demeurant à la portée de l'entendement enfantin, est un travail plus qu'une jouissance, et ne deviendra jouissance que par le plaisir de l'acquis personnel, de l'emprise personnelle sur un savoir, de la communion directe avec la pensée de l'auteur, de l'enrichissement intellectuel et moral. Cette jouissance, l'élève la ressentira même si, sous la direction et l'encouragement du maître, il parvient à saisir et à posséder le sens d'un texte peu attirant par lui-même. La vie ne nous réserve pas que des besognes attrayantes et il est nécessaire de rendre l'adolescent assez fort et assez courageux pour en entreprendre à l'occasion de longues et d'ardues. Ce n'est que lorsque l'écolier saura par lui-même absorber jusqu'à l'épuiser le contenu d'un livre, lorsqu'il saura vouloir lire des ouvrages qui l'instruisent ou le soutiennent, lorsqu'il sera mis à même de choisir ses lectures de réconfort et de délassement, que l'école pourra lui ouvrir ses portes en toute confiance, que le maître pourra lui donner congé, car sa tâche est terminée : il a réussi à se rendre inutile. Ce jeune homme n'appartient plus à l'école ; il appartient à la vie.

Et ce but suprême des leçons de lecture se confond ici avec le but non seulement de l'instruction scolaire, mais de l'éducation totale.

De l'ouvrier au savant, tout le monde lit. Et tous, de l'ouvrier au savant, ont toutes les lectures à la portée de leur main et de leur bourse. Par le journal, par la brochure, par la vulgarisation, toutes les idées et toutes les opinions sont jetées en pâture à la foule. Religion, science, questions politiques et sociales, et la morale, et l'éducation, tout est livré en proie à la discussion de la masse. On peut se plaindre de ce fait ; on peut s'en réjouir. Mais c'est un fait. Qu'on le veuille ou non, il faut bien accepter les conditions de vie contemporaines. Nous ne pouvons nous évader de notre siècle ni de notre monde. Et nous devons préparer l'enfant à vivre sa vie au sein de notre siècle et de notre monde. Donc une tâche incombe encore à l'éducateur : celle d'apprendre à lire, à s'instruire ou à jouir honnêtement, à juger ce qu'il lit.

Car un grave danger menace nos classes, auquel les psychologues ont donné le nom de psittacisme. Nous sommes tous tentés, par peur de la réflexion, peut-être, de croire aveuglément le mot écrit, le mot imprimé surtout. Ce qui est imprimé noir sur blanc nous cause un indicible respect. Or les mots ont, Montaigne nous en avertit, leur piperie, c'est-à-dire leur tromperie, leur duperie. Nous communiquons à l'enfant les idées essentielles qui forment le patrimoine de l'humanité ; nous les lui communiquons par la bouche et par le livre. Il entend ces mots, il répète les formes verbales de ces idées. A-t-il saisi la réalité que cachent ces formules ? Apprenons lui donc à se défier. Et qu'il s'habitue, dans les cours supérieurs, à juger, à vérifier ce qu'il lit au moyen de sa courte, mais déjà si riche expérience. Certes, la tentative est délicate, mais est-elle impossible ? Des pédagogues ont proposé de substituer partout et toujours, dans l'école, à la lettre imprimée, la vue concrète et directe des choses. Nous croyons d'abord qu'une telle prétention est impossible à réaliser. Puis est-il sage d'écarter tout livre ? Puisque le texte imprimé joue un rôle si considérable dans la vie présente, ne vaut-il pas mieux apprendre à l'enfant à s'en servir utilement plutôt que d'essayer inutilement de l'écarter.

Celui qui aura formé son intelligence à la doctrine chrétienne, qui aura assoupli sa volonté à la règle des mœurs volontairement acceptée, qui sera devenu une personnalité consciente et agissante, que nous aurons conduit à la virilité, saura gouverner ses lectures, et ses yeux, et son imagination, et sa raison ; la lecture deviendra pour lui un puissant moyen de perfectionnement. Le livre est un instrument que peuvent exploiter le bien et le mal. Si nous voulons qu'il serve au bien, formons des hommes de droite conscience capables de résister aux sollicitations des livres mauvais comme à celles des passions mauvaises. Et puisque, aussi bien, nous ne pouvons transporter nos enfants dans un monde exempt de tentations, apprenons-leur à vivre ici-bas le plus pleinement possible leur vie d'hommes et de chrétiens. Notre destinée est certes la vie éternelle ; mais c'est en ce monde, que le Christ a comparé au champ où poussent pêle-mêle le blé et l'ivraie, que l'enfant doit d'abord faire son salut.

L'apport d'éducation.

Apprendre à comprendre, disons mieux : à connaître ce qu'on lit, à en profiter, à en jouir, voilà la fin de l'enseignement de la lecture à l'école primaire. Des résultats secondaires, si excellents qu'ils soient, acquis aux dépens du but principal, amèneront une faillite de nos efforts. Mais l'acquisition de l'art de bien lire ne nous empêche pas d'aspirer à des fins secondaires, subordonnées, qui ne sont, en définitive, que les fruits immédiats d'une bonne lecture.

Et puisque les manuels de pédagogie insistent volontiers sur les exercices qui sont comme une gymnastique des facultés, disons d'abord que la lecture constitue une excellente gymnastique de l'esprit. Peu de leçons nous paraissent aussi bien concentrer en une opération synthétique l'action des diverses facultés. L'œil doit arriver à saisir lestement et sûrement les divers signes, à les unir en mots. Les mots, même quand on lit à voix basse, sont à demi articulés. Mais, en classe, c'est à haute voix que l'élève lit ; il y a donc exercice de la bouche, du gosier ; les organes vocaux s'assouplissent ; la prononciation s'affine, si elle est surveillée ; quant à l'oreille, elle est aux aguets pour percevoir les sons, contrôler leur émission, en corriger les défectuosités. L'imagination aussi entre en jeu ; à mesure que les mots sont saisis, les images correspondantes apparaissent, se déroulent avec la succession de la lecture comme les films du cinématographe ; ce que nos yeux lisent, notre imagination le représente à notre regard intérieur et, par association, les souvenirs sont appelés à la rescousse.

L'attention, la concentration des facultés intellectuelles sur les mots et leur sens, est exigée encore pour que la signification du morceau se dégage nettement. L'intelligence compénètre aussitôt les idées enfermées dans le texte, les unit en raisonnements, juge, analyse, conclut. Les sentiments s'éveillent : attendrissement, colère, étonnement, rire, larmes, peut-être. Dans la lecture, notre âme entière donne. Toute la machine compliquée et délicate de l'entendement, des émotions, du vouloir même, est mise en mouvement et ces diverses opérations s'harmonisent en des combinaisons multiples et diverses. Qui sait lire avec rapidité, sûreté et intelligence un texte de moyenne difficulté possède une emprise singulière et complète sur son mécanisme psychologique.

Et, si la lecture, comme il arrive souvent en classe, ne porte que sur des matières qui ont été étudiées déjà dans les leçons d'autres branches, morale, histoire, géographie, etc., si elle ne communique par conséquent aucun savoir nouveau, elle profite encore cependant, car elle permet le retournement de ces connaissances, leur conversion en des associations nouvelles, sous des points de vue nouveaux.

Remarquons d'abord que le procédé psychologique de la lecture diffère totalement de celui des autres leçons, en particulier de ce que l'on appelle bien improprement la « leçon de choses ». On montre, dans ce dernier exercice, la « chose » à étudier et on donne des explications. L'élève saisit par les yeux, par l'intuition ; le mot vient ensuite. La « chose » précède donc le signe. Dans la lecture, au contraire, le mot est lu ; le mot éveille dans l'imagination la représentation de la chose, puis l'idée, le concept. Le mot lu ne reçoit vie que lorsque l'élève en a compris le sens. Dans la leçon de choses, le sens est donné d'abord, puis le mot qui l'exprime ; dans la leçon de lecture, c'est le mot qui rappelle le sens.

Et la suite des mots, des phrases, éveille par association la suite des images et des idées qui correspond à cet ensemble de mots, de phrases, au texte. Il y a, si je puis dire, intuition intérieure, — la vraie intuition. On voit, on comprend ce qui est écrit, car ce qui est écrit est saisi par le regard intérieur. Et le trésor de représentations, d'idées, de sentiments, que notre conscience recèle est ainsi ranimé, ravivé, rafraîchi ; il est retourné et refondu en des combinaisons neuves, en des associations différentes des premières. Les connaissances anciennes sont renforcées par la répétition, mais de plus des rapports nouveaux ont été noués et des connaissances nouvelles communiquées.

Cette lecture intelligente, animée par l'intuition intérieure, exerce l'enfant à voir ce qui se passe dans son esprit, à se présenter à lui-même le tableau de ses états de conscience. Il est invité à rendre sa pensée toujours plus claire, plus nette, à ordonner ses concepts, ses raisonnements. Il acquiert quelque facilité à unir, à combiner ses connaissances anciennes, à manier les mots qui les expriment, à mettre en œuvre, à l'occasion, ces connaissances et ces mots, à les faire servir aux nécessités diverses de sa vie intellectuelle ou pratique à l'école et hors de l'école. Il apprend à dominer son savoir, à le juger, à l'apercevoir dans son ensemble. Et cette emprise personnelle sur le savoir, c'est la vraie culture de l'intelligence.

Les connaissances scolaires en effet courent le risque de demeurer mortes, inertes, appliquées tout au plus aux cas semblables et proprement scolaires. Hors de la classe, l'élève ne sait pas les utiliser, les adapter aux circonstances pratiques, les faire vivre. La leçon de lecture qui parle des connaissances apprises déjà, mais qui ne garde pas la forme extérieure de la préalable leçon de choses, qui dispose les matières sous d'autres points de vue, dans un autre ordre tout au moins, oblige l'élève à remanier incessamment son savoir, à faire défiler devant sa conscience les séries de ses connaissances, à y découvrir les notions utiles, à les faire entrer dans de nouvelles combinaisons, plus personnelles et plus vivantes.

Et nous obtenons, en fin de compte, une dernière capacité qui sera le fruit de l'éducation totale, mais que, arrivé à l'âge viril, le jeune homme doit avoir acquis et posséder s'il veut être une personnalité vivante et pensante. La lecture réfléchie d'un texte, que l'intelligence compénètre et assimile, permet à l'adolescent de diriger son regard intérieur, son attention, sur sa vie propre, sur la vie de sa pensée et de son cœur. Elle permet de lui communiquer, alors qu'il va quitter notre classe, cette dernière science, la plus importante et la plus nécessaire, au dire des philosophes antiques : « connais-toi toi-même ».

Les enfants sont trop étourdis, trop intéressés par le monde extérieur, pour qu'on puisse exiger d'eux qu'ils se retournent sur eux-mêmes et s'interrogent sur leur vie intérieure. Mais l'adolescent aux écoutes entend remuer en lui les premiers mouvements de sa personnalité, un monde de pensées et de sentiments s'ébaucher, dont il surveille d'un œil jaloux la formation chaotique et tumultueuse, l'organisation lente et tourmentée.

Il est donc utile d'habituer les adolescents de nos cours supérieurs à retourner leur attention sur eux-mêmes, à propos de certains morceaux de lecture, à confronter ce qu'ils viennent de lire avec leur jeune expérience, avec les sentiments éprouvés déjà, avec les idées déjà acquises, avec la vie déjà vécue. Ils apprendront à se connaître et à s'observer. Avons-nous besoin de développer la valeur de cet apprentissage d'une lecture qui initie l'écolier à la réflexion personnelle ? Et de ces causeries sur le contenu des lectures, nous nous souviendrons dans la méthodologie des leçons que nous allons exposer plus loin.

L'apport d'instruction.

Nous n'avons jusqu'ici parlé que de la valeur d'une lecture bien faite pour la formation de l'esprit et du cœur. Il est aussi un apport d'instruction qu'il faut souligner. Le livre de lecture doit contenir des morceaux bien choisis, dont aucun, fond et forme, n'est médiocre ni insignifiant. De quelque façon que l'on formule le principe directeur qui préside à la confection d'une chrestomatie scolaire, il n'en demeure pas moins que le contenu de pensées, de sentiments, de connaissances ne peut être que de première valeur. « Les bons livres d'enfants, a dit quelque part Vinet, sont les meilleurs parmi les livres d'hommes ».

Les classes secondaires tout d'abord, et, plus modestement, les classes primaires doivent présenter en raccourci la littérature d'un pays, le développement de la pensée et de l'art littéraire d'une nation, dans ce qu'elle contient d'excellent, et à la portée des intelligences de ceux à qui nous la destinons.

Nous nous plaisons à redire que l'éducation consiste en la transmission d'une génération à l'autre de tous les « biens » intellectuels, moraux, religieux, que le passé nous a confiés. La jeune génération doit assimiler ces biens, se les approprier, car la vraie culture est intérieure. Cette transmission est orale surtout, dans l'enseignement du maître. Elle use de l'écriture aussi et du livre. Et ce livre, c'est, à l'école primaire, le manuel de lecture.

Au moyen du recueil mis entre ses mains, l'enfant doit pouvoir, à chaque page, à chaque ligne, s'approprier les idées fondamentales qui forment le patrimoine de l'humanité et aussi tout le trésor de pensées et de sentiments qui forme le patrimoine national. Le modeste ouvrage qu'on lui met entre les mains contient en substance ce que les aïeux ont pensé, ce qu'ils ont senti, ce pourquoi ils ont souffert, ce pourquoi ils ont vécu. Nous sommes solidaires de nos ancêtres et l'histoire de notre temps est conditionnée par l'histoire passée. Nous ne sommes des isolés ni dans l'espace, ni dans le temps. Et nous avons, par le manuel que nous mettons dans les mains de nos écoliers, la tâche de leur remettre tout l'acquis de notre civilisation actuelle dans ce qu'elle a de plus essentiel et de plus authentique ; et si leur intelligence est incapable de comprendre les progrès techniques et les résultats scientifiques, il est des vertus morales, une culture de la conscience, du cœur et de la volonté qui importe plus que celle de la mécanique et du confort, que chaque homme peut et doit s'approprier. Nous lui en parlerons dans notre manuel. Nous devons lui parler des ancêtres qui ont fait de notre pays ce qu'il est ; nous devrons lui faire lire des morceaux qui lui retraceront ses devoirs civiques, décriront la tâche nationale que nous ont léguée nos pères et dont il sera responsable à son tour devant ses enfants.

Cette tâche nationale et civique, l'attachement à notre terre natale, l'intelligence de la mission de notre patrie, doit trouver dans le manuel une expression attachante et émue. Le sentiment patriotique peut être désagréablement exagéré en certains ouvrages chauvins. D'autres, par contre, ne l'oublient-ils pas trop? N'y a-t-il pas dans nos manuels d'aujourd'hui une défiance de l'âme, de la générosité, de l'héroïsme dans l'histoire et la vie qui est une erreur sociale et psychologique grossière ?

L'intelligence de l'enfant comprend, mieux que celle de l'adulte parfois, les idées morales et sociales les plus hautes, pourvu qu'elles soient exprimées dans une langue qui lui est accessible. On se méprendrait si l'on attribuait une médiocre influence aux solides lectures civiques commentées avec une conviction naturelle et profonde, sur ce que doit être pour nous le coin de terre où nous sommes et où dorment nos pères qui nous ont fait ce que nous sommes.

Et puisque le Christ a confié à son Église et à ceux qui en font partie la mission de continuer son œuvre, que cette œuvre a été éminemment civilisatrice, évocatrice de progrès social et d'initiative personnelle, le livre de l'élève, à notre avis, serait dépourvu de sa portée la plus profonde, si l'idée chrétienne en était écartée, sous prétexte de neutralité. La simple psychologie, à défaut de notre foi, suffirait à nous convaincre que l'exclusion de l'idée chrétienne prive le livre de lecture de sa répercussion la plus efficace sur la conscience et la conduite de l'enfant.

Ajoutons que nombre de morceaux de moins large envergure traitent de connaissances utiles, soit que ces lectures se rapportent à du savoir acquis en classe, morale, histoire, géographie, histoire naturelle, et en ce cas elles les répètent, les rafraîchissent et les affermissent, les redisent en des termes nouveaux ou sous une lumière nouvelle, y ajoutent quelques détails ; soit qu'elles communiquent, en partie du moins, un savoir nouveau, qui, expliqué par le maître, complète celui de la classe. Les commentaires que ces lectures occasionnent, plus libres que les leçons proprement dites, ne produisent pas moins de résultats. Il y a donc dans la leçon de lecture accroissement des connaissances.

Plus utile encore peut-être que l'accroissement des connaissances est leur association. A notre avis, l'effort principal du maître doit porter sur ce point : faire trouver le contenu du texte par l'élève, le lui faire extraire, l'obliger à profiter d'une lecture, à en enrichir sa pensée, dans un travail de plus en plus personnel, sous une direction de plus en plus discrète. Ce contenu d'idées, de sentiments, se rattache sans doute plus ou moins étroitement à l'une ou l'autre branche du programme scolaire : morale ou religion, histoire ou géographie, sciences naturelles ou instruction civique. Mais ce contenu du livre de lecture ne revêt pas l'aspect un peu sévère, sec et technique du manuel élémentaire. Il est présenté littérairement ; il est exposé avec une aisance, avec une chaleur, avec un choix d'expressions que ne possède pas le traité didactique, sec et précis. Pour comprendre son texte, l'enfant doit faire appel aux connaissances les plus diverses confiées à sa mémoire.

La mémoire s'assouplit et fonctionne avec une facilité d'autant plus grande que les liens associatifs se multiplient entre les souvenirs. L'intelligence active a laissé entre les idées chez lesquelles elle a constaté un commun rapport comme le fil d'une gigantesque toile d'araignée. Le perfectionnement de la mémoire consiste en effet à établir entre les connaissances des liens, à organiser les souvenirs et à revenir sans cesse sur ce travail d'organisation. Une mémoire intelligemment organisée est le fruit de l'étude ; elle est la marque d'un esprit actif et clairvoyant ; l'effort de l'éducation devrait tendre à former ces multiples associations. Quelle leçon nous y convie plus instamment que la lecture ?

Rendre l'enfant intelligent ne consiste point à lui faire ingurgiter une masse de connaissances, mais à lui enseigner le moyen de les utiliser, de les mettre en œuvre personnellement dès que l'occasion s'en présente. La lecture est une de ces occasions et elle se présente journellement. Nulle autre branche n'est plus apte à ouvrir l'intelligence de l'enfant et à l'assouplir. Puis, les connaissances diverses doivent être ordonnées, unies les unes les autres et, si nous voulons créer une personnalité dans l'enfant, rangées sous une unique et suprême conception de la vie. Tout homme a besoin d'une philosophie pratique de la vie et tout homme, qu'il en soit conscient ou non, se la constitue par le fait même qu'il vit d'une certaine façon. Cette philosophie n'est autre pour nous que la doctrine chrétienne. Mais quelle autre branche que la lecture est plus apte à unifier toutes connaissances et à les organiser dans la conception chrétienne du monde et de la vie ?

Enfin, il est bien évident qu'un bon enseignement de la lecture contribue essentiellement à l'éducation de la langue maternelle dont elle est la plus importante partie. Le vocabulaire est enrichi par l'étude pénétrante du morceau ; l'enfant saisit à la fois et le sens et les mots qui l'expriment. La musique de la phrase, le rythme, s'apprend par une bonne lecture à haute voix. La logique des phrases et des idées lui fait constater, par expérience directe, les rapports des mots entre eux et leur rôle respectif, la coordination et la subordination des propositions, la grammaire. Le livre de lecture propose des modèles et souvent des sujets de composition. Qui lit volontiers et avec quelque intelligence acquerra le sens de la langue, des tournures, des expressions de bon aloi, de l'originalité vraie dans le style, le goût enfin, qu'aucune leçon grammaticale, aucune rhétorique, aucun philologue ne pourra définir ni enseigner, mais que peut seul communiquer le commerce avec les personnes qui parlent bien ou les livres bien écrits.

On se plaint souvent des compositions d'élèves, sans idées, sans couleur et sans vie. On n'y trouve rien de leur âme. Leur parler, leur bavardage au contraire est singulièrement expressif, imagé, vivant, parce que, là, leur âme charmante passe tout entière sans qu'ils y prennent garde : ils s'expriment. Comment les amener à s'exprimer ainsi par écrit ? L'enfant ne connaît pas assez la valeur des mots et leur choix et leur agencement en vue de la langue écrite : il se connaît moins encore lui-même. L'écriture suppose une certaine analyse soit des termes linguistiques, des procédés syntaxiques, soit des pensées et des sentiments de celui qui écrit, analyse que l'expression orale n'exige pas. Nous ne pouvons donc demander de l'enfant un travail écrit marqué au coin de son individualité propre que lorsqu'il aura réfléchi sur lui-même, sur ses pensées et sur les pensées des autres. La lecture nous apporte un appoint précieux. Pour comprendre un récit riche de pensées et de sentiments, il faut revenir, pour établir une comparaison intérieure, sur l'expérience de ses propres pensées et de ses propres sentiments; de même, pour juger des actes, établir la genèse et l'évolution d'actes, il faut revenir sur soi, sur l'expérience de ses propres actes et leur origine et leur développement. L'intelligence d'une lecture suppose un appel incessant à l'intuition intime et personnelle. On apprend donc autant, dans ces lectures, à connaître ses propres pensées et ses propres sentiments qu'à connaître ceux des autres, que décrit le livre. Et cette introspection permettra à l'écolier, petit à petit, de s'analyser lui-même, d'analyser la valeur d'expression des termes de la langue, — de s'exprimer par écrit convenablement.

Toute lecture attentive procure ces avantages.

Mais combien plus la lecture dirigée par un maître compétent, préoccupé de graduer ses exigences, ayant souci non seulement que ses élèves lisent matériellement bien, mais lisent avec leur intelligence, qu'ils apprennent à comprendre ce qu'ils lisent et à en profiter.

Certes, toutes ces fins secondaires ne seront pas atteintes par tous les élèves, ni dans toute leur étendue. Il n'en demeure pas moins que l'enseignement y doit aspirer. Le succès dépend de l'intelligence des écoliers ; il dépend surtout de l'intelligence et des efforts du maître.

Les pédagogues modernes se défient du livre et de la science livresque. L'enfant et la vie, l'école et la vie, sont des titres à effets qui attirent infailliblement l'attention sur les articles ou les ouvrages qui les ont arborés. Par ce mot *vie*, on entend trop souvent la vie extérieure du travail, la réalisation manuelle et pratique du métier, l'éducation de l'artisan. Les écoles dites nouvelles exagèrent volontiers cette tendance. Mais n'y a-t-il pas dans cette conception de la besogne scolaire quelque étroitesse ? Par l'enseignement purement oral, l'enfant est enserré dans son entourage immédiat, et par l'action manuelle, réduit à son expérience directe. Mais comment prendre connaissance du vaste monde et du passé, de l'expérience des autres, sinon par le livre ? Le savoir mort, récité d'après un texte incompris, la science livresque qu'on ne met en relation ni avec le monde intérieur de l'enfant (religion, morale, histoire), ni avec son observation (histoire naturelle, géographie, grammaire), la lettre pure qui tue, les mots appris pour eux-mêmes et non pour le sens qu'ils renferment, la grammaire séparée de la langue vivante et mémorisée en dehors de toute intuition, tout cet enseignement routinier, paresseux, a provoqué une réaction, justifiée certes, mais qui, comme toutes les réactions, a dépassé la mesure. L'enseignement de la lecture en a pâti.

On a réclamé un contact plus immédiat de l'enfant avec la réalité. Ce contact, on peut et on doit l'établir dans l'enseignement de la lecture, le contact surtout avec la réalité intérieure, trop négligée à notre époque dispersée, celle de l'imagination, des sentiments, des idées, des réflexions, des expériences intimes de l'enfant et surtout de l'adolescent. Il faut donc apprendre à l'écolier à vivre sa lecture et à en profiter pour son instruction générale ou professionnelle, pour jouir aussi d'une manière réconfortante et saine. Et puisque l'école doit préparer à la vie, ne doit-elle pas préparer à l'intelligence du livre, car le livre est intimement lié à notre mode de vivre contemporain. Un pédagogue en a fait la très juste remarque : « Quand les enfants, après la sortie de l'école, désapprennent l'usage du livre, c'est qu'ils n'ont appris à l'école que la lecture machinale et non la lecture intelligente ». C'est la lecture intelligente que nous voulons apprendre à nos écoliers.

CHAPITRE II

L'INTRODUCTION A L'INTELLIGENCE DU TEXTE

Lire pour comprendre et connaître.

Lire, c'est tout d'abord comprendre. On ne sait lire que lorsque les signes d'écriture sont saisis comme chargés d'un contenu de pensée. Le livre apparaît alors comme un interlocuteur. Il parle, et nous l'écoutons. Toute lecture est en effet le commerce mental de deux esprits qui se recherchent et communient. Les impressions sensorielles, qui excitent l'œil qui court sur les caractères, éveillent le souvenir du sens des mots lus et nous reproduisons en notre conscience la pensée que l'auteur a enfermée dans les signes. Je lis un mot, celui-ci par exemple : le chamois ; le mot lu ne m'apprend rien de nouveau ; je savais déjà ce que c'était qu'un chamois. Mais aussitôt l'image du chamois, et corrélativement le sens de ce mot : chamois, ont été évoqués dans ma conscience ; j'ai compris. Si je ne suis pas en mesure de reproduire en moi-même l'image d'un chamois, parce que je n'en ai jamais vu, parce qu'on ne m'en a jamais parlé, si cet animal m'est inconnu, ce mot demeure pour moi un son inutile, vide de sens. Je le lis des yeux, mais non de l'esprit ; il n'y a pas de lecture intelligente ; il n'y a pas proprement lecture, puisque je ne comprends pas.

Il y a dans l'acte de lire reproduction en mon esprit de ce qui a tout d'abord été conçu dans l'esprit de l'écrivain ; il y a reproduction de ce qu'il a imaginé et pensé. Il a pensé, puis écrit ; je lis ce qu'il a écrit et les mots provoquent la reproduction de ce qu'il a pensé ; je repense, en lisant, la pensée de l'écrivain. Et s'il a confié à sa prose ou à ses vers les émotions qui l'agitent, la lecture reproduit encore en moi ses amours ou ses haines. Par le véhicule des mots, l'esprit du lecteur reçoit la pensée d'un autre esprit ; il en suit docilement l'exposition. Son effort se concentre sur l'attention nécessaire pour bien suivre, bien saisir, bien retenir, ne rien laisser perdre ni passer.

Plus la lecture est parfaite, plus parfaite est la similitude entre l'état de conscience primitif de l'écrivain et celui qui est provoqué secondairement chez le lecteur.

Jusqu'ici, nous ne constatons qu'une reproduction passive. Mais l'esprit du lecteur ne tarde pas à réagir, à s'ingérer bientôt dans la pensée de l'auteur. Et d'abord il la juge ; il l'accepte lorsqu'elle lui paraît bonne à prendre ; il la rejette si elle ne lui paraît pas admissible ; ou bien encore il ne lui accorde qu'une adhésion conditionnelle, quand il ne demeure pas en expectative, demandant réflexion et vérification subséquentes, — ce qui est déjà lire pour profiter. Mais la réaction intellectuelle se poursuit. Il n'est guère d'expressions rencontrées dans un texte et comprises qui ne suggèrent au lecteur, par association, une foule de choses auxquelles l'auteur n'avait pas songé. La lecture constitue alors une véritable excitation intellectuelle, dont l'orientation, l'intensité, la nature, dépendent plus de la mentalité du lecteur que du contenu du livre. On prête au livre ce qu'on y croit trouver, le livre exerce une suggestion sur le lecteur, mais le lecteur à son tour réagit sur le livre et le recrée en se l'assimilant. Les uns ouvrent libre cours à leur fantaisie créatrice ; les autres réfléchissent et méditent, approfondissent les idées de l'écrivain ; quelques-uns se laissent glisser sur la pente des rêveries sentimentales, et quelques autres proposent des objections, réfutent, démasquent les inconséquences des raisonnements. Tout lecteur met du sien dans l'œuvre qu'il s'assimile. Toute lecture est une collaboration. Plus une lecture provoque cette activité originale, plus elle est suggestive et féconde.

Afin que cette synthèse créatrice puisse s'opérer entre les réflexions du lecteur et le contenu du texte, il faut que le lecteur ait sur le sujet en question quelques idées préalables, quelque matière à réflexion. Toute lecture suppose de celui qui lit une certaine somme de connaissances.

Il arrive souvent qu'une lecture n'est pas comprise, parce que les connaissances que l'écrivain suppose connues, de fait, ne le sont pas. Mais c'est un cas qui ne nous intéresse point. A l'école, la lecture doit se trouver à la portée de l'intelligence de l'écolier. Le maître doit y veiller. Hors de classe, le lecteur, fatigué de ne rien comprendre, jette le livre.

Il arrive plus souvent qu'une lecture est mal comprise. Le lecteur n'est pas en mesure de reproduire en lui-même, complètement, le contenu intelligible de la pensée de l'auteur, soit qu'il ne saisisse qu'en partie le sens des mots, soit qu'il ne distingue pas nettement ce que signifie leur assemblage en phrases, en paragraphes. Il attribue alors au texte une signification qui n'est point celle que l'auteur y a déposée ; il y a mésentente intellectuelle, si l'on peut ainsi dire. Ou bien, il entend les mots, mais les sentiments éveillés sont différents ; il y a mésentente émotionnelle. Le mot *Noël*, par exemple, est senti bien différemment par un adulte ou par un enfant, par un croyant ou par un incrédule. Le mot : *roman sentimental* éveille chez une femme du monde l'idée de passe-temps ; chez un littérateur, celle de document sur les mœurs contemporaines ; chez un moraliste, celle d'un livre à thèse ; chez une directrice d'école, celle de mauvais livre. La réaction affective à la lecture n'est pas un facteur négligeable ; nous en parlerons plus tard. Il ne s'agit pour le moment que de l'acte de comprendre.

L'art parfait de comprendre une lecture suppose donc une parfaite capacité de reproduction imaginative, intelligente et émotionnelle de ce que l'écrivain a imaginé, pensé et senti.

Nous avons comparé plus haut la lecture avec la conversation. Mais il est entre ces deux modes de communiquer la pensée de notables différences. Le parler est en général plus facilement et mieux compris. Le langage est vivant, animé; le contenu émotionnel surtout est mis en valeur; les mots essentiels sont soulignés de la voix ou du geste. Et si l'auditeur n'a pas compris, son interlocuteur a la ressource de se reprendre, de répéter dans une forme plus simple ce qu'il vient de dire, de rectifier l'interprétation fausse qu'on donne à sa pensée. Par contre, l'écriture ne nous présente qu'une suite de vocables froids et morts que nous sommes seuls à ranimer, à réchauffer, à faire revivre; pour les entendre, nous devons faire effort, effort de mémoire pour rappeler la signification des mots, effort d'imagination pour assembler les représentations nécessaires, effort d'intelligence pour comprendre les idées, leur succession, leur enchaînement logique. Nous pouvons demeurer passifs en face d'un interlocuteur que nous écoutons docilement. Il est nécessaire de réagir en face d'un texte ; il faut que nous voulions le comprendre pour que son contenu puisse pénétrer dans notre cerveau. La lecture est moins accessible à l'esprit que la parole directe. Et c'est pourquoi l'enseignement oral demeure plus facile et plus prenant que l'enseignement par le livre.

Le livre peut se targuer de quelques avantages aussi. On y trouve moins de verbiage, moins d'à peu près que dans la libre conversation. L'auteur a choisi et pesé ses expressions pour frapper juste, pour être le plus clair et le plus concis possible. Le discours poursuit son développement et entraîne l'auditeur, sans que celui-ci puisse se ressaisir, contre son gré parfois, au travers des idées et des sentiments de l'orateur. On peut revenir sur sa lecture, la répéter, réfléchir, contrôler les affirmations de l'auteur. Il est loisible de peser plus attentivement le pour et le contre des arguments ; l'influence personnelle de l'auteur qu'on ne voit pas est moins suggestive que celle de l'interlocuteur en chair et en os qui parle avec quelque passion ; la lecture est plus objective. Si la conversation est plus facile à suivre, la lecture est plus favorable à la méditation, plus profitable à l'esprit qui sait méditer. Le livre est l'instrument indispensable de l'étude vraie et personnelle.

Les avantages du livre disparaissent, il va sans dire, si on ne lit que superficiellement, si on laisse les impressions courir à fleur d'imagination sans que l'intelligence ait le temps d'assimiler le contenu de pensée, ce qui est le cas de beaucoup de dévoreurs de livres. Ceux-ci sont des paresseux qui se refusent à l'effort de réfléchir ; ils ne réagissent pas à leurs lectures, soit qu'ils acceptent passivement les idées d'autrui pour s'épargner la peine de les discuter, soit qu'ils effleurent toutes les idées sans leur accorder une attention réfléchie. Les émotions fortes et saines qui sont des forces d'action n'ont point le temps de se développer. Leurs lectures les caressent agréablement ; mais le profit qu'ils en retirent est nul, car ils ne se sont pas souciés d'abord de comprendre.

Les conditions scolaires de l'acte de lire.

L'enfant n'a point encore acquis l'habileté et l'habitude de la lecture. Son attention est absorbée par la correspondance exacte des signes et des sons qu'il ne possède pas encore pleinement au point qu'elle soit devenue automatique, par la recherche de la signification de chacun des mots en particulier, qui l'empêche de saisir l'ensemble d'une phrase, d'un paragraphe. Deux ans sont nécessaires pour que les enfants arrivent à lire, sans trop de fautes, un texte simple, d'une lecture courante, sinon rapide, pour qu'ils soient en état d'appliquer leur attention non à la seule combinaison des signes, mais aux idées exprimées. Ils ont appris à déchiffrer ; ils doivent maintenant apprendre à lire. Dès la troisième année, on peut exiger que même les élèves médiocres n'éprouvent plus d'hésitations et d'accrocs dans un morceau facile. Mais les instituteurs qui, une fois les difficultés mécaniques et techniques vaincues, croient avoir rempli leur tâche, se trompent étrangement. Combien qui lisent un texte avec volubilité sont incapables de comprendre et de redire ce qu'ils ont lu. La tâche essentielle de l'enseignement de la lecture ne fait que commencer ; il faut donc, dès maintenant, apprendre à l'enfant à reproduire dans son imagination, dans son intelligence ou dans ses facultés émotives, les images, les idées et les sentiments qui sont enfermés dans les mots ; il faut qu'il entende, imagine, qu'il comprenne et qu'il sente. Tous nos efforts doivent converger vers ce but dès la troisième année scolaire.

Nous distinguons deux sortes de lectures courantes: la lecture à haute voix et la lecture muette. En classe, c'est la lecture à haute voix qui est en usage presque uniquement. Dans la vie, on ne se servira guère que de la lecture muette. Y aurait-il contradiction sur ce point entre l'école et la vie? La lecture à haute voix, en classe, est une inéluctable nécessité pratique. Elle permet seule le contrôle de la compréhension d'un texte, la surveillance et la correction de la prononciation.

Ajouterons-nous que la lecture à haute voix prépare la lecture esthétique, la diction? Mais combien de nos petits primaires auront jamais l'occasion de lire dans quelque salon des morceaux littéraires? Nous ne pensons pas que la diction esthétique doive trouver une large place dans l'enseignement primaire. Nous croyons par contre que la lecture à haute voix doit devenir principalement une préparation, une introduction à la lecture intelligente et personnelle qui est celle de la vie.

La lecture à haute voix facilite l'entendement du texte, car elle s'adresse non seulement à l'œil, mais encore à l'oreille et à l'articulation, triple excitation qui a des chances d'évoquer les images correspondantes dans le cerveau. Les images auditives et articulaires sont intimement liées ; en entendant un mot, nous le prononçons légèrement. La lecture muette s'accompagne d'ébauches de mouvements de la bouche et des appareils vocaux ; nous articulons ce que nous lisons d'un mouvement qui est à peine esquissé, qui demeure inconscient. Il y a entre les images motrices et les images auditives une corrélation intime, si intime que ceux qui perdent la mémoire articulaire, qui ne peuvent plus se prononcer à eux-mêmes ce qu'on leur dit, ne comprennent plus le langage ; il y a surdité psychique. Il s'en suit que, pour que nous comprenions, pour que nous saisissions un sens, même dans la lecture muette, il est indispensable qu'en même temps que nous suivons les lettres des yeux nous entendions intérieurement les sons et qu'inconsciemment notre gosier en ébauche la prononciation. Or, comment constituer cette triple entente de l'œil, de l'oreille et du gosier qui, sans que nous en ayons conscience, est nécessaire, au dire des psychologues, pour rappeler les images complexes qui sont celles des mots et du sens des mots ? Mais précisément par la lecture à haute voix ! elle unit en un seul exercice la vue, l'ouïe et les mouvements articulaires. La lecture à haute voix est donc, de par la psychologie, une introduction à une fructueuse et intelligente lecture muette. Au reste, nous ne l'ignorions pas, car nous avons tous observé que les enfants et les personnes peu entraînées à la lecture doivent articuler à mi-voix ce qu'ils lisent pour comprendre. Les théories psychologiques s'unissent ainsi à l'expérience journalière et aux nécessités pratiques pour nous faire adopter, comme type classique de lecture, la lecture à haute voix. Il faut exercer l'ouïe de l'élève de telle façon que, même s'il lit des yeux uniquement, le son et le rythme de la phrase sonnent à son oreille et soient perçus même dans la lecture muette. C'est dire qu'une bonne lecture à haute voix, articulée distinctement, expressive, en ce sens qu'elle fait sentir qu'elle est comprise, est la première condition d'une lecture intelligente.

L'enseignement de la lecture a pour but premier d'amener l'élève à comprendre le sens du texte, à en tirer profit de par son effort et son travail personnels. Les connaissances qu'il acquiert dans la lecture importent en somme moins que la manière dont ils les acquiert. Ce qui importe dans la lecture d'une fable de Fénelon par exemple, c'est moins le récit conté par l'évêque de Cambrai et la morale qu'il en tire que la façon dont l'élève s'approprie par son travail sur ce texte la connaissance de ce qu'il contient.

Oui, certes, la lecture personnelle, l'intelligente mise à profit du contenu d'un texte, est le but final de tout l'enseignement de la lecture à l'école primaire. Ce but n'est obtenu cependant qu'à la fin de la scolarité. En attendant, il est nécessaire que l'instituteur initie l'élève à cet art, le mette à même de vaincre les difficultés, l'oblige, en le dirigeant, à juger, à assimiler le contenu du texte. Il arrive donc fort rarement qu'un maître puisse se contenter d'indiquer aux enfants un chapitre que ceux-ci doivent lire, sans qu'il ait à le préparer avec eux, à contrôler la façon dont ils le lisent, à vérifier s'ils l'ont compris et s'ils en ont profité. Comment le maître introduit-il ses élèves dans l'art délicat de comprendre un texte?

Que l'élève mis en présence d'un texte le comprenne et se l'assimile directement, sans aide aucune, voilà le but de notre enseignement; c'en est le point d'arrivée. Le point de départ est l'impuissance de l'enfant devant le texte. Entre le point de départ et le point d'arrivée, nous trouvons tous les degrés qui vont de l'ignorance à la capacité de lire. Le maître doit donc, en passant par de multiples étapes, conduire l'écolier de ce point de départ à ce point d'arrivée. Son intervention est indispensable, au commencement du moins; mais elle ne doit viser qu'à soutenir et à guider l'effort de l'élève, non à se substituer à lui; elle n'entre en jeu que pour accomplir ce que l'élève ne pourrait faire par lui-même qu'avec trop de difficultés ou trop de temps. Mais cette aide bienveillante doit tendre à se rendre progressivement inutile, à mettre l'enfant à même de se libérer d'elle.

L'écolier du cours moyen sait déchiffrer un texte ; il sait produire les sons qui correspondent aux syllabes ; il n'a guère appris encore à en extraire le sens, à en saisir le contenu intelligible. C'est donc à l'introduire dans l'intelligence du texte que doit s'appliquer l'instituteur. Mais cette intelligence du texte comprend divers moments psychologiques auxquels doivent correspondre différents procédés pédagogiques. Soumettons donc à l'analyse les divers moments de cet acte complexe qu'est lire.

L'aperception du contenu.

Nous appelons, d'après Herbart et son école, faute d'un mot mieux approprié, *aperception*, l'introduction d'une connaissance nouvelle dans la masse du savoir ancien et la fusion de cette connaissance dans cette masse. L'aperception d'un contenu de lecture dépend de deux conditions. Le lecteur d'abord doit posséder au préalable quelques idées, quelques notions de ce dont on traite dans la page qu'il doit lire. Il doit connaître le sens des mots, ceux du moins qui lui seraient inconnus doivent pouvoir être compris grâce au contexte, au sens général. Il est utile aussi que le contenu du morceau ne lui soit pas complètement étranger, sinon il court le risque de ne pouvoir saisir ni le sens des phrases, ni l'ensemble du texte, tout en comprenant chacun des mots en particulier. C'est ce que nous voulons dire généralement lorsque nous demandons qu'un morceau soit à la portée de l'élève : les mots ne doivent point lui être inconnus et les éléments des connaissances que suppose connus notre texte doivent lui avoir été communiqués auparavant.

Il est utile ensuite que le morceau présente un certain intérêt. Il faut que le lecteur accueille avec bienveillance les idées nouvelles ou l'assemblage nouveau des idées anciennes que lui propose le texte. Le lecteur jette bientôt le livre qui n'éveille en lui aucun écho émotionnel. Un texte parfaitement indifférent ne provoque pas l'activité joyeuse et personnelle. Le maître doit se préoccuper de frapper l'imagination, de faire naître quelque sentiment, de briser, en un mot, l'indifférence de l'élève. Il doit donc choisir un morceau qui trouve dans la personnalité de l'élève une correspondance quelconque. Tantôt les connaissances assimilées déjà sont présentées sous un point de vue nouveau ; tantôt le savoir répond à une certaine question inconsciemment posée, résout un doute, comble une lacune sentie, explique un phénomène observé mais demeuré incompris ; tantôt l'entrain, l'émulation, l'attention que soutient la bonne volonté, mettront un intérêt extérieur aux morceaux plus arides, qu'il est nécessaire d'étudier, qui ne trouvent pas en eux-mêmes un attrait suffisant pour retenir l'attention spontanée.

Il faut veiller à ce que le morceau soit à la portée de l'enfant ; il faut veiller à ce qu'il offre quelque intérêt. Il faut veiller aussi à ce que la présentation du texte soit préparée par une introduction aperceptrice convenable. Si l'horaire nous oblige à lire un texte sur la pomme de terre, après avoir décrit l'Oberland bernois ou disserté sur le pouvoir judiciaire fédéral, l'écolier est surpris par le brusque changement d'idées. Il lui faut un moment pour se reprendre, écarter les images et les idées qui encombraient son champ de conscience, en appeler de nouvelles, celles qui concernent le précieux tubercule de Parmentier. C'est pourquoi on place, au début d'une leçon de lecture, comme au début de toute leçon, l'introduction aperceptrice, qui essaye d'écarter les représentations anciennes, prépare, par l'appel des connaissances convenables, l'appropriation du contenu du texte. Cette préparation place les élèves dans l'état d'esprit indispensable pour qu'ils lisent avec fruit.

Cette préparation est double, elle est éloignée, générale, ou immédiate, particulière. Il y a préparation éloignée, générale, lorsque le cerveau de l'enfant est mûr pour telle lecture, parce que son expérience personnelle et surtout ses études antérieures le mettent à même de comprendre immédiatement cette lecture sans introduction quelconque, de par son propre effort : il utilise tout simplement, pour réduire l'inconnu au connu, les connaissances acquises déjà. La préparation immédiate et particulière est celle qui, en classe, s'adapte immédiatement à la lecture proprement dite. Elle ne doit servir qu'à remettre en mémoire et à compléter les données de la préparation éloignée antérieure. Elle éveille les représentations nécessaires à l'intelligence de notre texte qui ont pu être oubliées ou qui peuvent ne point surgir d'elles-mêmes au cours de la lecture. Elle les complète en fournissant brièvement les indications complémentaires, circonstances de temps, de lieu, de personnes, que l'élève n'a pas eu encore l'occasion d'apprendre, mais qui sont cependant supposées connues par le texte. Elle donne aussi le sens des mots que l'élève ignore. Lire c'est retrouver le contenu des sens caché sous les mots ; or, si les mots ne répondent à aucun sens dans la conscience de l'enfant, il ne peut y avoir lecture.

La préparation éloignée, générale, est la plus importante : c'est celle qui se rapproche le plus de la lecture de l'adulte, qui n'a, pour s'aider à comprendre un texte et à s'en nourrir, que les connaissances antérieurement acquises. Nos lectures, sous peine de demeurer incomprises, doivent s'adapter à notre degré de culture et à notre goût. Mais ce degré de culture varie au cours des années de classe ; les connaissances s'y accroissent chaque jour. D'une année à l'autre la portée des élèves change donc considérablement. Il faut, par conséquent, que le maître choisisse avec soin un texte bien approprié au degré précis de culture de ses élèves, au savoir acquis présentement, aux intuitions précédemment présentées, aux dispositions actuelles de l'esprit et du cœur. Un morceau de lecture sur la retraite de Russie que lisent des écoliers qui en sont encore au xvi° siècle en histoire exige force explications et il est à craindre que, nonobstant, bien des notions demeurent obscures. Placez le même morceau au moment où les enfants viennent de terminer, en histoire, l'étude des expéditions de Napoléon; le texte est saisi sans difficulté, presque sans explications préalables, parce que l'intelligence en a été préparée par l'enseignement immédiatement antérieur. Il sera lu avec plaisir, parce que ce texte, que nous supposons au reste intéressant, correspond aux émotions sûrement éprouvées par les écoliers pendant qu'ils étudiaient la prestigieuse histoire du grand conquérant.

Or, la leçon de lecture est une leçon de lecture et non une leçon d'histoire, de géographie ou de botanique. Qui doit développer une longue préparation immédiate, parce que les éléments du morceau sont presque totalement inconnus des enfants, risque de transformer sa leçon de lecture en une leçon d'histoire, de géographie et de botanique. Afin donc que la leçon de lecture soit une leçon de lecture, c'est-à-dire une leçon où l'élève est incité à retrouver un contenu sous des mots, il est nécessaire de choisir des morceaux dont les éléments sont connus déjà, et que les élèves retrouveront, présentés avec quelques variantes ou sous des points de vue nouveaux, dont l'inconnu peut être réduit par le déjà connu. Le moyen le plus simple d'y réussir, c'est de choisir des morceaux de lecture qui se rapportent à l'enseignement des autres branches ; celles-ci constituent comme une préparation éloignée à notre lecture. Et c'est la raison profonde de ce que nous appelons la concentration.

La préparation immédiate n'est qu'un complément de la préparation éloignée. Elle remet simplement en mémoire les notions apprises auparavant ; elle ajoute l'un ou l'autre détail nécessaire à la compréhension du texte. Elle doit être courte ; elle s'abrège à mesure que l'enfant se familiarise avec l'art de lire et avec l'art d'utiliser dans sa lecture les connaissances anciennes. Elle ne vise qu'un but : mettre l'enfant inhabile et étourdi dans les conditions exigées pour qu'il puisse saisir par lui-même un sens sous le texte. Dès que ce but est atteint, la préparation immédiate cesse et la lecture commence.

Introduction à l'audition intérieure.

Il est nécessaire d'unir, avons-nous dit, les sensations de la vue, de l'ouïe et de l'articulation pour obtenir non seulement une correcte prononciation, mais encore l'intelligence du sens. Il faut, de plus, dans les classes supérieures, tendre à former le goût par audition ; il est bon de former l'ouïe de l'enfant à la beauté musicale d'une phrase bien rythmée. L'œil n'a plus besoin d'une pareille éducation. Il a dû, dans le cours inférieur, s'habituer à la forme des caractères. On exige de lui qu'il les saisisse vite et sûrement, qu'il ne confonde pas les lettres et les mots, et c'est tout. On exige davantage de l'oreille, sens du langage. Il ne suffit pas qu'elle saisisse sûrement les sons ; elle doit arriver à en percevoir les qualités. Puisque le langage a un rythme et que la phrase est un chant, il est convenable que, dans une certaine mesure tout au moins, l'élève s'exerce à percevoir ce rythme, à goûter ce chant.

L'oreille s'éduque par la lecture à haute voix. La lecture bien articulée, les pauses convenables, les inflexions et le ton de voix qu'il faut, la mise en valeur des mots expressifs, ne peuvent manquer d'exercer l'ouïe à la perception du langage et au goût ; ce sont des procédés éducatifs à la portée de tous les maîtres et de tous les élèves.

Ajoutons qu'une telle lecture facilite considérablement l'intelligence du texte, épargne nombre d'explications ou de méprises.

Le maître lit, en général, le premier ; il présente à l'enfant le type d'une lecture intelligente. L'enfant la comprend par l'oreille avant de la saisir des yeux ; il la goûte avec un réel plaisir, si vraiment elle fait valoir la musique des mots. Mais pendant que les élèves écoutent lire l'instituteur, que tous les livres soient fermés. Beaucoup en effet n'écoutent guère, occupés qu'ils sont des signes qu'ils suivent des yeux plutôt que de l'audition et du sens. Il en résulte que de grands écoliers ne savent pas entendre une lecture, s'ils ne la suivent des yeux et du doigt. Quand les élèves sont assez avancés, on peut procéder autrement : un élève lit ; ses camarades l'écoutent, leur livre retourné sur le banc ; ils écoutent et doivent faire le compte rendu. Celui qui lit doit bien lire pour se faire comprendre ; ceux qui écoutent doivent bien écouter pour comprendre. Il y a dans cet effort une formation de l'oreille qui n'est pas négligeable.

Nous parlons du cours moyen et surtout du cours supérieur, où la lecture doit être exercée et courante. Au cours élémentaire, il faut que l'élève suive du doigt et des yeux, silencieusement, la lecture du maître. Il est inepte en effet de le mettre brusquement en présence de mots difficiles ; les hésitations, les arrêts fautifs, les déformations de mots sont les conséquences inévitables et déplorables d'une pareille imprévoyance. Dans les cours inférieurs, la lecture des yeux doit toujours précéder l'articulation à haute voix. Mais c'est un procédé qu'on doit abandonner pendant les années du cours moyen.

Nous pourrons encore travailler en commun l'expression convenable, faire trouver ou corriger l'intonation juste par nos enfants eux-mêmes. Quelle syllabe a été mangée? Quel mot a été faussement accentué? Lequel n'a pas été suffisamment mis en relief ? Et chacun s'essaie à proposer le ton à la fois le plus naturel et le plus expressif, le rythme le plus musical. C'est la recherche en commun de la meilleure mise en valeur du morceau.

Petit à petit, lors de la lecture silencieuse, la musique de la phrase chante à l'ouïe intérieure, même lorsque nul son ne frappe l'oreille. Par association le jeune homme unira les images auditives ou motrices aux impressions visuelles. Et la lecture sera perçue par l'audition intérieure.

Introduction à l'intuition intérieure.

Nos livres de lecture se ressentent trop du sec utilitarisme de notre temps. Ce sont de petites encyclopédies qui exposent le maître à la tentation de faire de tout sous prétexte de lecture : de la géographie, de l'histoire, de l'agriculture, des leçons de choses. Ils ne traitent guère que de « connaissances utiles », de charrue, d'engrais, du verre, des bougies, des machines agricoles ou industrielles, des produits manufacturés ; veaux, vaches, cochons, couvées ont rencontré dans nos classes des sanctuaires où l'on parle d'eux avec un intérêt que ces dignes animaux ne soupçonnent pas. Mais encore, lorsque l'enfant lit, puisqu'on finit bien par lire un peu dans ces leçons de lecture, n'a-t-il sous ses yeux ni vache, ni cochon, ni couvée. Or, à mesure que la description se déroule d'objets ou d'animaux, l'imagination représente ces objets et ces animaux. A l'évocation du mot doit surgir l'image, aussi vive et complète que possible. Il en va de même pour les morceaux de toutes les branches, et à plus forte raison pour les morceaux littéraires. Chez les adultes, même cultivés, rompus aux exercices abstraits de l'intelligence, le mot n'est suggestif d'idées que s'il éveille un riche substratum d'images. L'intelligence ne fonctionne et ne brode, si l'on peut dire, que sur le canevas des images. Toute lecture est impossible, si entre la perception visuelle des caractères et l'intelligence ne s'interpose l'imagination, écran sur lequel se projettent les images appelées par les mots du texte. Pour que l'élève comprenne le chapitre de notre livre fribourgeois sur le canard, il doit pouvoir se représenter un canard dans son imagination. Et le récit de la bataille de Morat et les aventures du Petit-Poucet et la fable du héron, de ce héron dédaigneux au long bec emmanché d'un long cou, tous ces morceaux ne peuvent être compris que si le tableau intérieur des paysages, la représentation des faits et gestes des personnages se reproduit dans le champ de conscience. L'intelligence ne peut jaillir hors d'elle-même. Elle a besoin pour agir des connaissances concrètes qui pénètrent dans notre esprit par la voie des sens et s'y reconstituent sous forme de représentations imaginatives.

Beaucoup d'enfants ne retirent pas de profit des lectures qu'ils font ou entendent parce que leur imagination n'est pas active. Tandis que leurs camarades se représentent les objets, se reconstruisent les actions, objectivent leurs lectures, eux demeurent inertes, impassibles. Il faut donc avertir ces écoliers trop froids de faire effort pour voir, pour sentir ce qu'ils lisent. L'instituteur, en choisissant un texte et en le préparant, doit se rendre compte de sa facilité ou de sa difficulté d'être imaginé par ses élèves. Comment ceux-ci comprendront-ils la fable du héron, s'ils ne savent ce que c'est qu'un héron? Ils doivent pour comprendre voir intérieurement son long bec, son long cou, ses longues pattes, connaître sa manière de vivre et de se nourrir. Il faut donc que les lectures soient appropriées aux intuitions extérieures, aux observations, aux expériences de l'enfant, à ce qu'il a vu et entendu, à ce qui lui a été présenté une première fois, et que, par conséquent, il peut se représenter. Aussi, avant de commencer la lecture, le maître agirait sagement en évoquant parfois les souvenirs, en en ravivant les couleurs pâlies, au besoin en replaçant le matériel intuitif sous les yeux de l'élève.

Il est prudent, quand vous parlez du *Chêne et du Roseau*, de montrer à nouveau le chêne et le roseau. Quand le vers est lu : « Un roitelet pour lui est un pesant fardeau », que l'écolier voie l'oiseau se poser sur le roseau et le faire pencher ; qu'il entende le fracas de l'orage et contemple le grand arbre couché par terre. La plupart des enfants ne feront pas cet effort naturellement ; apprenez-leur à user de leur imagination. Usez vous-même de mots capables de provoquer instantanément l'évocation des images correspondantes, mots concrets, vivants, suggestifs, ou, s'ils sont un peu abstraits, d'une abstraction qui corresponde à une idée, à un concept bien déterminé dans l'esprit de l'élève.

Il n'est pas inutile même, surtout lorsqu'il s'agit de morceaux d'imagination, fables, descriptions, récits, de contrôler, à l'occasion, la manière dont nos élèves savent regarder cette représentation intérieure. L'attention de plusieurs en effet est absorbée par le mécanisme de la lecture brute ; d'autres se hâtent pour savoir comment finira l'histoire. Mais il faut attendre et surveiller la montée et la formation des images. On lit le morceau une première fois ; le sens général est saisi ; l'imagination travaille et représente le récit comme en un tableau de genre. De cette représentation imaginative, l'intelligence peut extraire par analyse l'idée générale. Ne pourrait-on pas, de temps en temps, relire une seconde fois la fable, en priant les élèves d'être attentifs à la façon dont ils voient et entendent les personnages agir et parler dans leur imagination ? Qu'on les interroge sur ce qu'ils se représentent, comment ils conçoivent la scène, quelle est l'attitude et la physionomie de tels personnages, bref, qu'ils redisent les représentations et les associations que les mots ont éveillées en eux. Le dessin libre peut nous rendre des services ; le dessin, même malhabile, est, dans les classes inférieures surtout, un moyen d'expression supérieur au langage. Nous constaterons souvent des incohérences dans leurs images ; nous nous apercevrons de bien des lacunes dues à l'insuffisance de leur imagination plus pauvre qu'on ne pense ; nous tiendrons compte aussi de la difficulté qu'ils ont de s'exprimer, de décrire ce qui se passe en eux, ce qu'ils créent et sentent. C'est dans cette conception personnelle cependant que réside la plus éducative valeur de la lecture. Si l'imagination, par trop grande vivacité ou par pauvreté, trahit les mots du texte, l'idée que l'intelligence tire, non du texte, mais de la représentation intermédiaire, en sera faussée aussi. C'est un motif de plus de ne point négliger le mode dont les élèves imaginent nos lectures et, dans chaque leçon, il ne sera pas inutile de vérifier, par une ou deux questions, s'ils se représentent bien exactement ce dont on parle. Un tel contrôle ménage plus d'une surprise. Certes, il faut être indulgent et ne point tourmenter les enfants en exigeant d'eux une analyse qui dépasse leur faculté d'introspection ; mais on doit les encourager et les amener petit à petit à se rendre compte de leur intuition intérieure, à en rendre compte en un langage de mieux en mieux approprié.

Introduction à l'intelligence du sens.

Nous n'en resterons pas à l'imagination ; l'intelligence doit travailler à son tour pour saisir le sens général du morceau, ses parties diverses et la coordination des parties. Lire, avons-nous maintes fois répété, c'est saisir un sens pour en nourrir son esprit. Apprendre à lire, c'est donc apprendre à saisir ce sens pour s'en nourrir.

Et nous vérifions, en classe, la façon dont l'élève a saisi, assimilé le sens par le compte rendu. L'exactitude du compte-rendu nous est un moyen d'éprouver la valeur de la lecture et son intellection. Dans l'élaboration didactique du morceau, il sera bon d'apprendre aux enfants à saisir l'idée essentielle, ce qu'a voulu nous apprendre l'auteur, puis les idées accessoires et leur ordre et leur liaison. Il faut faire remarquer et l'idée générale et les détails et leur agencement, afin que plus tard l'élève sache compénétrer la pensée de l'auteur, quand il lira un article ou un livre, la préciser, et s'en nourrir. C'est en somme la partie importante et terminale de la leçon de lecture. Aussi ne nous contenterons-nous pas du pur et simple compte rendu des quelques lignes lues par l'élève, mais à la fin de la lecture, nous ferons trouver et résumer au tableau, en quelques phrases, l'idée générale du morceau. Nos interrogations porteront aussi sur l'ordre et la liaison des détails, non pas au point de vue de l'analyse grammaticale des mots et des phrases, mais au point de vue de la logique des idées qui fait pénétrer profondément jusqu'au cœur de la pensée de l'écrivain. Qu'a-t-il voulu nous montrer ? Pourquoi a-t-il choisi tel détail ? Pourquoi telle place a-t-elle été assignée à ce paragraphe ? Pourquoi cet autre le suit-il ? Nos interrogations pourront enfin attirer l'attention sur les émotions et les sentiments, la valeur morale de la lecture.

Après la première lecture faite par le maître, il est utile au cours moyen de faire trouver immédiatement l'idée générale, ce que l'auteur a voulu nous apprendre. Puis les élèves liront le texte, paragraphe par paragraphe ; et leurs comptes rendus partiels devront se ramener à l'idée centrale bien mise en évidence dès la première lecture. Un compte rendu global terminera notre leçon et nous permettra de constater que les élèves ont bien saisi tout ce que leur voulait apprendre l'auteur, et l'essentiel et les détails importants, qu'ils sont par conséquent à même d'en profiter.

Mais les explications du maître ? Nous avons en effet longuement parlé du travail de l'élève, comme si celui-ci l'accomplissait tout seul. Oui, c'est l'enfant qui doit travailler ; c'est l'enfant qui s'applique à extraire du texte le contenu de pensée qu'il renferme ; c'est lui qui doit lire, c'est-à-dire trouver un sens sous les mots. Mais le maître n'est pas inutile, car ce n'est que sous sa direction que cette élaboration peut se parfaire. Il faut bien qu'il explique. Mais, de grâce, qu'il ne se répande pas en de longs, d'oiseux commentaires avant la lecture des élèves. Qu'il ne présente dans l'introduction aperceptrice que les données nécessaires pour comprendre le morceau. Les élèves en doivent d'abord prendre connaissance. Et ce n'est que lorsque l'écolier aura lu une fois, deux fois, le texte, lorsqu'il se sera essayé à en tirer tout ce que, par lui-même, il en pourra tirer, que l'instituteur pourra intervenir plus directement et donner les compléments qui lui paraissent utiles.

Que de digressions interminables noient souvent le texte et font perdre la notion de l'ensemble. Les commentaires historiques, les indications géographiques, les précisions scientifiques, orthographiques et grammaticales, le vocabulaire, se mêlent et s'entrecroisent si bien au cours de la leçon que l'élève sort de la classe ahuri et inquiet de ce qu'il doit retenir au juste de ce fatras pour le lendemain.

Introduction à l'intelligence de la forme.

L'interprétation littéraire d'un texte n'est pas

du ressort de l'école primaire. Le style du morceau doit être étudié cependant d'une façon élémentaire. La lecture peut d'abord servir, de fondement à notre enseignement grammatical ; elle peut fournir le donné concret du langage d'où s'extraient soit les règles grammaticales, soit l'analyse logique, soit aussi les préceptes d'une bonne composition. C'est un axiome aujourd'hui admis de tous que la langue doit être étudiée en elle-même et cette langue se trouve fixée dans les textes des bons auteurs ; les élèves des classes primaires la trouvent dans leur livre de lecture.

Le compte-rendu global nous donne l'occasion d'analyser la manière dont l'auteur a développé son sujet, la succession des idées secondaires et la raison de cette succession, l'ordre, l'enchaînement des pensées. Cette analyse put être poussée plus avant dans quelques paragraphes, excellent exercice préparatoire à la composition.

La forme du texte n'est pas indifférente à l'intelligence du fond ; il importe souvent de bien comprendre la forme pour saisir pleinement le sens. Un mot n'est pas compris, une formule n'a pas de sens ; il faut donc expliquer. Les mots sont connus peut-être ; mais c'est la signification de l'ensemble qui échappe ; il faut expliquer encore. Les détails de forme sont examinés systématiquement dans une collaboration amicale du maître et des élèves ; les élèves cherchent sous la direction du maître.

D'autres expressions sont à peu près comprises ; les élèves croient du moins les comprendre ; mais, de fait, ils ne les entendent que fort imparfaitement ; ils n'en sentent pas la force ou la nuance. Les expressions figurées et poétiques surtout doivent être bien éclairées ; il ne faut point laisser au hasard leur exacte interprétation. Il ne suffit pas de traduire l'expression : *cœur de pierre* par *cœur dur* ; cette dernière formule n'est guère plus claire que la précédente et la trahirait singulièrement ; il faut montrer l'énergie de la figure en remontant brièvement à la comparaison de la pierre et du cœur sans pitié.

Lorsque le morceau a été lu, le compte rendu donné, le sens saisi, il n'est pas inutile de rendre attentif l'élève au style proprement dit. Que veut dire tel mot ? Que signifie telle phrase ou telle expression ? Pourquoi telle épithète, telle figure ? Pourquoi ici un : *car*, là un : *donc*, et ailleurs un : *en effet* ? Quelle phrase peut-on intercaler entre celle-ci et celle-là, et pourquoi l'auteur l'at-il supprimée? C'est travailler dans le détail un peu minutieux, mais en vue d'une intelligence plus approfondie, plus fouillée du texte. La richesse du vocabulaire, la propriété des mots, la variété des expressions constitueront le fruit durable de cet entraînement.

Certes, l'instituteur sera prudent et discret dans ses explications de textes. Qu'il ne se croie pas obligé de faire relever noms, adjectifs, verbes, pronoms, d'analyser mots et propositions, de rechercher homonymes et synonymes. Tout est dans tout ; on peut pendant des mois interpréter une seule page de lecture. Mais aussi quel ennui et quel dégoût ! Les leçons de lecture ne doivent point être encyclopédiques.

Nous avons le droit de nous confier au tact et à l'expérience des maîtres. Ils sentiront jusqu'où ils peuvent pousser l'étude de la forme dans leur classe. De tels exercices, cependant, où l'étude de la forme est rattachée étroitement à celle du sens, pratiqués discrètement, mais journellement, pendant les cinq ou six ans d'école donnent aux élèves une singulière et durable emprise sur leur langue.

CHAPITRE III

LIRE POUR PROFITER

Il faut lire pour comprendre ; il faut comprendre pour profiter. Par le fait sans doute que l'écolier a compris le sens d'un texte, il en a profité dans son imagination, dans son intelligence, dans sa mémoire. Nous pouvons renforcer ce profit, et le contrôler, par le compte rendu, le compte rendu partiel qui ne porte que sur le paragraphe lu par l'enfant, le compte rendu global qui s'étend à tout le morceau. Nous pouvons encore développer le sens, une fois assimilé, déployer en largeur les idées que l'auteur a émises en peu de mots, varier sur le thème qu'il a choisi, et nous avons le compte rendu interprétatif. Nous pouvons enfin amener l'élève à réfléchir sur la pensée qu'il vient de lire, à la confronter avec ce qu'il sait déjà, avec ce qu'il a déjà vécu, à la juger, à en extraire pour sa conduite personnelle, sa vie morale, le contenu éducatif, exercice que nous appellerons la causerie sur le contenu. Toutes ces diverses besognes comportent des procédés pédagogiques divers.

Le compte rendu partiel.

L'enfant qui a vu, entendu quelque chose qui le frappe s'empresse de le redire, de le raconter à sa mère, à ceux en qui il a confiance. S'il a lu une belle histoire, il la répète volontiers à qui veut bien l'écouter. Le compte rendu est donc la suite naturelle d'une lecture attrayante.

Il en est de même en classe ; la lecture terminée, l'élève en doit présenter le compte rendu. Mais, tous les chapitres du livre n'ont pas l'intérêt de *la Belle-au-Bois-dormant*, de *Robinson* ; le compte rendu scolaire ne peut prétendre à la naïve spontanéité des bavardages enfantins.

Cet exercice est, pour l'enfant, plus difficile qu'on ne se l'imagine, parce qu'il exige un double effort et une double attention : effort et attention pour déchiffrer le texte, car l'association devenue automatique chez l'adulte entre les signes et les mots ne l'est point encore chez lui ; effort et attention, pour saisir la pensée et la retenir suffisamment pour qu'il lui soit possible de la redire. Mais la lecture n'est intelligente et profitable qu'à ce prix.

L'enfant ne peut redire que ce qu'il a compris. Son compte rendu sera plus ou moins exact selon que le morceau aura été plus ou moins exactement compris, selon que l'enfant aura plus ou moins prêté à la lecture son application et son attention. Le compte rendu permet de vérifier excellemment la compréhension du lecteur. Si un élève de force moyenne, qui n'est pas un paresseux, ni un étourdi, ne sait rien dire, on peut penser que le morceau était mal choisi, mal adapté, mal préparé. Le compte rendu sera plus facile, si nous avons fait précéder la lecture d'une explication détaillée. Il le sera moins, si, dans notre introduction aperceptrice, nous nous sommes contentés d'écarter les difficultés insurmontables, de fournir les indications indispensables, sans lesquelles le texte serait demeuré inintelligible. Nous préférons le second procédé, plus pénible peut-être, mais plus fructueux ; il exige plus d'initiative et plus d'attention soutenue de la part des élèves.

Les élèves emploient, pour dire le contenu de ce qu'ils viennent de lire, les termes et les expressions du livre. Plusieurs contractent la mauvaise habitude de commencer leur compte rendu par les premiers mots du paragraphe parcouru, quitte à s'embrouiller bientôt et à rester *a quià*. Il faut les habituer à raconter librement ce qu'ils ont lu et prohiber dans la mesure du possible toute répétition servile et inintelligente ; il faut obtenir d'eux qu'ils décrivent la vision, l'intuition intérieure de l'imagination et de l'intelligence qu'a provoquée la lecture. Si le morceau est réellement adapté à la portée des écoliers, ceux-ci doivent en pouvoir donner un compte rendu et nous pouvons l'exiger d'eux. Ils ont compris à leur façon peut-être, car nous avons tous notre manière de comprendre et de retenir, de parler aussi ; il est naturel de tenir compte de ces différences individuelles.

Mais si nous avons des raisons de croire que l'élève nous a répété machinalement des mots dont le sens lui échappe, invitons-le à nous redire en d'autres termes ce qu'il a saisi, ou, par des sous-questions, vérifions la qualité de son savoir. Pas d'exigences outrées, cependant ! Les adultes, les hommes cultivés eux-mêmes, demeurent obsédés par la littéralité des textes lus. Une expression adéquate se moule si bien sur son contenu qu'elle s'impose à notre langage. Lorsqu'un certain laps de temps nous a libérés de cette obsession, lorsque ce contenu a été assimilé, est devenu pleinement nôtre, alors seulement il peut être repris et rendu sous une forme différente de la première et personnelle. Ne demandons de l'enfant que ce qu'il peut nous donner. D'autres moyens nous renseignent sur l'intelligence de son compte rendu : le ton de la voix, le choix des mots, les sous-questions : « Quelle est la phrase, l'expression essentielle dans ce passage ? Quel titre mettriez-vous à ce paragraphe ? Sur quelle idée, sur quel sentiment l'auteur a-t-il voulu attirer notre attention ? » Les comptes rendus interprétatifs et les causeries sur le contenu offrent de nombreuses occasions d'apprendre à l'élève à revenir sur la pensée maîtresse du morceau, à se libérer de l'emprise de l'expression littérale.

Il arrive souvent que l'enfant a compris ; mais les mots lui manquent pour dire ce qu'il a compris : « Je ne sais pas dire ! » Sa capacité de saisir le sens du texte dépasse son habileté de parler. Il est trahi par l'indigence de sa langue. La langue du livre en effet n'est pas celle de sa conversation. Et c'est une véritable traduction qu'on réclame de lui. Il éprouve une difficulté réelle, à laquelle on ne prend pas assez garde, à faire passer dans son langage propre ce qu'il a lu dans un langage savant qui lui demeure encore quelque peu étranger. C'est une des raisons pour lesquelles il se rabat volontiers sur la répétition des formules du livre. Aidons-le, engageons-le à présenter son compte rendu de son mieux, avec quelques incorrections peut-être, que nous rectifierons ensuite.

La longueur du compte rendu dépend naturellement de la longueur du texte lu ; et celui-ci, de la portée des élèves. On peut, afin d'obliger tout le monde à suivre, demander à l'un de lire, à un autre de faire le compte rendu du passage que son camarade a lu. Lorsque le chapitre ne présente pas de difficultés et que les élèves sont assez avancés, on peut faire lire deux, trois enfants de suite, et on interroger un quatrième sur ce qui vient d'être lu.

Un compte rendu est bon : 1° quand il est exact et contient les idées qui se trouvent réellement dans la lecture. 2° Quand il est complet, c'est-à-dire quand la pensée essentielle et les détails caractéristiques sont rapportés ; l'exact compte rendu exclut les contresens et les erreurs ; le complet, les omissions notables. L'enfant doit, petit à petit, être amené à discerner ce qu'il faut retenir et ce qu'il peut laisser sans altérer le sens. 3° Quand il est ordonné, qu'on y retrouve la suite et l'agencement des idées. 4° Quand il est naturel et facile, exempt d'hésitations, de reprises, de périodes embrouillées. Beaucoup commencent une phrase étourdiment ; puis, au lieu de réfléchir, de chercher, lorsqu'un mot leur manque, la laissent en suspens et en recommencent une autre. On ne peut impunément tolérer ces manèges, qui ne sont que des paresses d'esprit. Une phrase commencée doit être terminée, fût-ce au prix d'un arrêt, d'un effort de recherche. 5° Quand il est dit dans une langue correcte, à haute voix et d'excellente prononciation.

Mais encore faut-il mettre l'élève à même de pouvoir présenter un compte rendu convenable. Qu'on ne l'intimide pas ; qu'on le laisse parler, qu'on ne l'interrompe pas avant qu'il ait terminé non seulement sa phrase, mais encore son exposé. Sans doute, beaucoup de pédagogues prétendent qu'on ne devrait jamais laisser passer, sans la corriger, une phrase qui est fautive, ou, sans le reprendre, un mot qui est impropre. Mais alors tout le temps de la leçon et de la classe serait rempli par la correction des fautes de langage. Heureux l'écolier qui saurait décider en fin de compte quelles formes verbales sont admissibles et lesquelles ne le sont pas. Nous n'aurons bientôt plus à le corriger, il est vrai, puisqu'il demeurera muet ; mais le remède serait pire que le mal. Que chacun dise donc ce qu'il a compris et comme il a compris ; soyons satisfaits si l'essentiel des idées et leur ordre et quelque chose de leur développement se rencontrent dans le compte rendu. Quant au langage, qu'il soit clair, cohérent, vivant, dût-il être parfois inélégant, voire incorrect. La pratique de la parole fera disparaître bien des incorrections qui sont imputables au manque d'exercice, à l'inexpérience. L'écolier qui constate qu'on respecte sa manière de voir et de dire s'enhardira ; il parlera dorénavant en toute liberté, en toute sincérité, et, en définitive, c'est le langage qui y gagnera. Car le langage est une habitude ; il ne peut s'acquérir que par un exercice attentif et constant. C'est en forgeant qu'on devient forgeron. L'apprenti forge bien un peu de travers ; mais si, par crainte de frapper des coups malhabiles et de gâcher du fer, il se contentait de regarder son maître forger et d'écouter ses préceptes théoriques, il risquerait fort de ne jamais savoir son métier. C'est, de même, en parlant qu'on apprend à parler, au risque de bévues et de fautes.

Une fois le compte rendu de l'élève terminé, il faut naturellement le corriger. Ses condisciples s'y emploieront. Ils indiqueront ce qui, dans l'exposé de leur camarade, leur a paru erroné, ce qui a été oublié qu'il importait de dire, ce qui était incorrect dans son langage. Si le compte rendu était trouvé par trop insuffisant, un autre élève le devrait reprendre. Mais alors que le premier ne se croie pas quitte et dispensé d'être attentif. On le rappellera et lui fera redire ce qu'il a mal dit une première fois.

Le compte rendu global.

Un savoir scolaire quelconque n'est pleinement assimilé que lorsque l'élève est capable de le présenter dans un exposé clair, aisé, cohérent ; il ne l'est pas si le maître doit l'arracher par bribes et morceaux au moyen de questions. L'exposé clair et net fait par l'élève sur ce qui constitue l'objet d'un enseignement marque le point terminal de la leçon.

La lecture est une leçon pareille aux autres. Le sens extrait du texte est assimilé, lorsque l'enfant, après avoir méthodiquement parcouru un passage d'un livre, peut nous dire ce qu'il a lu en un langage de bon aloi. Chaque lecteur a fait son compte rendu particulier, mais uniquement des quelques lignes qu'il a dû lire. Ces quelques lignes ne représentent qu'un court fragment du texte. Elles ne renferment pas un sens complet et cohérent. Il faut donc exercer les écoliers à s'approprier et à redire le contenu global du chapitre ou d'un certain nombre de paragraphes formant un ensemble organique. Seul, cet aperçu global et résumé permet de préciser, pour le fixer dans la mémoire, l'essentiel d'une lecture.

Au fur et à mesure des comptes rendus partiels, notons au tableau noir le résumé de chaque paragraphe par un mot de rappel. Ces mots de rappel, dont chacun représente une portion bien définie de la lecture, contiennent tout l'essentiel du chapitre. Ils aident donc au compte rendu global. Et cet exercice ne dépasse point la portée des élèves du cours moyen eux-mêmes ; en une phrase ou deux pour chacun des mots de rappel, ils résument tout le contenu de la page qu'ils viennent d'étudier.

Plus difficile est le compte rendu abrégé, utilisable au cours supérieur seulement. Un morceau de lecture a été parcouru rapidement, d'un trait peut-être. Les écoliers, sans comptes rendus partiels préalables et sans mots de rappel, ont à en présenter le contenu en quelques phrases brèves, mais substantielles et coordonnées. Un tel exercice suppose une sérieuse capacité de saisir le sens sous les mots, car il faut, à la fois, lire avec attention et sans arrêt, comprendre, distinguer ce qui est important de ce qui est secondaire, ne retenir que les pensées fondamentales et leur enchaînement. Mais cet exercice est des plus profitables. Il apprend à l'adolescent à saisir rapidement ce qui, dans une page d'écrivain, est essentiel, la suite des idées et leur liaison. Il lui apprend à lire assez vite et cependant avec fruit.

Cette habileté lui sera, dans sa vie, d'un utile secours pour ses lectures personnelles. Notre siècle haletant et pressé ne peut s'attarder à de longues analyses de textes. Il faut apprendre à bien lire lentement, le livre substantiel ; il faut apprendre à lire rapidement et cependant avec profit le journal et la brochure d'actualité. L'élève doit être éduqué pour la vie, et non pour l'examen.

Le compte rendu interprétatif.

Le compte rendu interprétatif ne se contente point de reproduire avec fidélité le contenu d'une lecture, mais développe ce contenu, l'étend, le raisonne, l'illustre, — l'interprète. Un tel exercice n'est possible que lorsque le sens a été extrait et rendu relativement indépendant des expressions qui l'enferment, a été approfondi, assimilé. Il suppose des explications et des comptes rendus préalables. Ce n'est plus, en effet, une répétition, une reproduction, mais un travail subséquent de raisonnement et de langage.

Comme les phrases et la forme primitives obsèdent l'esprit de l'enfant, il est bon, sinon de briser l'ordre et la suite du texte, du moins d'en changer le point de vue. Le chapitre du livre de

Fribourg : *Ce que coûte un morceau de pain*, devient : Un morceau de pain raconte son histoire. La description du canard permet de redire l'adaptation du canard et de ses organes au milieu où il vit, l'eau ; à la description morphologique se substitue la description biologique. Un épisode légèrement esquissé dans un récit, reçoit un plus large développement. Un personnage raconte la scène que le livre narre impersonnellement. Le geste et les paroles du petit Roger d'*Un bon cœur* (Livre intermédiaire du canton de Vaud, p. 191), que l'auteur laisse deviner, sont racontés par l'élève. *L'Accident de Poum* (Livre de Genève, p. 281) est conté par celui-là même qui en fut la victime. Les causes et les conséquences, les sentiments éprouvés, qui ne sont qu'indiqués, peuvent être plus largement exposés. L'enfant complète le compte rendu d'un morceau de géographie, d'histoire naturelle, de morale, en adjoignant aux données du livre ce qu'il a observé, ce qu'il a lu, ce qu'il sait sur le sujet en question. Il lui est enfin loisible de décrire même la façon dont il conçoit, dans son imagination, la scène d'un événement dont il a lu les épisodes, de donner son opinion sur les actes décrits et les idées soutenues.

Le fil de l'histoire modifié en un point oblige l'élève à la refondre et à la développer sur un plan nouveau. Le texte sert de thème à des variations fort diverses, à une interprétation féconde, où peuvent se mouvoir l'imagination et l'intelligence. Ce sont, si l'on veut, des compositions orales qui intéressent les élèves et leur sont profitables. Sans doute, les enfants empruntent au livre les idées, les tournures et les expressions dont ils se servent; nous aurions certes lieu de craindre que notre lecture n'aurait pas produit de fruits si nous n'en trouvions pas quelques traces dans leur compte rendu; mais les formes verbales entrent dans des combinaisons nouvelles; on peut constater par leur emploi intelligent qu'elles ont été comprises. Et le savoir nouveau a manifestement été approprié; les élèves apprennent à en user avec liberté et confiance. Ils apprennent aussi à compénétrer une page d'écrivain, à la juger, à la raisonner. Ils apprennent enfin à s'exprimer avec ordre, clarté, correction, peut-être avec quelque chaleur et quelque élégance. Les compositions écrites qu'ils nous livreront dans la suite, ainsi que leur langage, témoigneront assurément du bénéfice qu'ils ont retiré de ces exercices.

Voici quelques exemples de comptes rendus interprétatifs :

A. — Reproduction avec modification du fond: 1. redire les points essentiels en quelques mots (c'est le compte rendu abrégé) ; 2. répéter quelques paragraphes du chapitre en les développant, en les amplifiant ; 3. l'imitation, la transposition du sujet ; le *Cocher modèle* du livre intermédiaire du canton de Vaud, p. 106, peut se transformer en « papa modèle », qui, sans brusquerie, doucement, habitue son fils à quelque vision dont celui-ci s'effraie ; la laitière et le pot au lait devient le jeune garçon à qui l'on a donné quelques sous ; 4. indication des applications qu'on peut faire du contenu du morceau à la vie morale, sociale et pratique, au milieu local ; 5. développement des sentiments des personnages ou des sentiments éprouvés par le lecteur au cours des diverses péripéties d'un événement raconté ; 6. développement de l'intuition intérieure ; comment on se représente la scène, les personnages, leurs gestes, leurs attitudes, leur caractère.

B. — Exercice de reproduction avec modification de la forme : 1. changement pur et simple de la forme ; récits ou descriptions transformés en dialogues, un des personnages raconte ou décrit ce qui est conté impersonnellement : 2. changement du point de vue ou de la disposition du récit ; on commence le récit par tel épisode qui ne se rencontre qu'au milieu de l'action ; on localise la scène ou les personnages : le douillet devant sa table de toilette, après la lecture du *Douillet* (Fribourg, degré supérieur, p. 28).

Causerie sur le contenu.

Le texte des livres de lecture ne peut être médiocre ni de pensée ni de style. Son contenu doit être, de quelque façon, fructueux pour l'enfant ; il doit lui communiquer d'utiles connaissances ou bien exercer une influence salutaire sur sa vie morale. L'élève ne peut donc rester indifférent devant le texte, comme si celui-ci devait lui demeurer étranger. La chasse à l'idée générale, aux idées particulières, est profitable ; la recherche du plan suivi par l'auteur est utile encore. Bornée à ces exercices, la lecture éduque l'intelligence ; elle enrichit la mémoire de mots et d'idées. Mais le lecteur n'est pas un pur esprit.

Il a un cœur, un tempérament, un caractère, des goûts, que peuvent émouvoir les idées du livre. La lecture fait imaginer; elle fait donc sentir; elle provoque, en même temps que des réactions intellectuelles, des réactions affectives. Que les émotions soient provoquées par la satisfaction ou le froissement des inclinations et des opinions, le cœur joue sa partie dans la lecture ; il la doit jouer. On parle beaucoup d'intérêt et d'enseignement attrayant. Mais on ne s'intéresse qu'à ce qu'on aime ; l'intérêt même qu'on prend à une lecture est une réaction affective. Cette réaction doit être provoquée et surveillée dans nos leçons de lecture.

Des idées et des sentiments aux actes, il n'y a qu'un pas. La lecture est une suggestion ; elle tend à se traduire en action. Or, l'imagination jeune, ardente, crédule, des enfants les livre entièrement à la suggestion de la lecture, d'autant plus que le prestige de la lettre imprimée leur en impose beaucoup. Sous l'action de leurs lectures, leurs croyances s'affirment ou se désagrègent, des crises morales se déchaînent ou s'apaisent. Le livre, le journal possèdent une redoutable puissance, dont l'éducation doit tenir compte.

Mais chacun mûrit et féconde à sa façon l'idée première et l'assimile à son individualité en fonction même de cette individualité. La lecture d'un drame criminel provoque chez l'un, de la colère, chez l'autre de la pitié, chez tel de la simple curiosité, chez tel de l'admiration pour l'adresse du coquin, chez tel enfin le désir de l'imiter pour s'enrichir. Chaque idée provoque d'autres idées; et ces idées éveillent des images, des émotions, des volitions, et cette association aboutit à une synthèse suggestive que chacun réalise à sa façon ; elle engendre l'action. Mais elle ne l'engendre que si elle trouve un terrain adapté à l'idée qui doit le féconder. Un esprit de sens moral robuste et irréductible n'acceptera pas les suggestions contraires à sa conception morale ; il luttera victorieusement contre elles, même si elles paraissent servir ses intérêts. C'est à l'éducation totale de fortifier cette résistance aux suggestions mauvaises, à discipliner la suggestibilité de l'enfant et de l'adolescent.

Il est donc indispensable d'apprendre à l'enfant à juger avec calme une lecture, à s'en imprégner, si elle est acceptable ; à résister à sa suggestion, si elle doit être écartée. L'élève ne peut rester indifférent ; il doit prendre parti pour ou contre ; il faut qu'il prenne parti pour l'éducateur et la doctrine de vie qu'il représente.

Il faut qu'il adopte, à l'égard des idées que le livre lui propose, une attitude mentale franche, consciente et voulue. Le maître digne de ce nom ne peut être satisfait quand il a fait trouver, énumérer, souligner, amplifier les idées d'une lecture. Il amène encore l'élève à les juger, à dire ce qu'il pense de chacune d'elles. Il affine l'esprit critique de ses écoliers, leur bon sens, leur droite et claire conscience. Un simple : « Qu'a voulu dire l'auteur dans ce paragraphe ? » ne suffit pas ; « quelle est sa pensée maîtresse ? » lui paraît trop court. Il ajoute : « Que vaut-elle ? Ses idées sont-elles justes, admissibles ? » Il invite les enfants à définir les caractères des personnages des apologues qu'ils lisent. Mais il exige encore qu'ils apprécient ces caractères, qu'ils prennent parti, qu'ils formulent et motivent leur opinion.

Toutes les fois qu'il est possible et nécessaire, dégageons donc la morale du morceau de lecture ; discutons-la, quand elle est discutable. Les enfants rient de la déconfiture du corbeau ; qui les en reprendrait ? Mais nous aurions tort de ne point leur faire remarquer que Maître Renard, qui s'empare du fromage par ruse et flatterie, qui est aussi menteur qu'effronté, est un modèle peu recommandable de vie morale. Les maximes qui terminent soit les fables de La Fontaine, soit d'autres pages moralisantes ne doivent point être admises sans examen, parce qu'elles sont quelquefois fausses ou un peu bassement intéressées. On a sans doute « souvent besoin d'un plus petit que soi », mais il serait déplorable de réduire la charité à ce calcul. Les meilleures des règles de conduite, même bien comprises, n'entrent pas dans la « conviction morale » sans une acceptation voulue, une adhésion consciente, que l'instituteur doit provoquer.

Qu'il y ait donc entre la classe et vous un échange de vues, d'impressions, d'appréciations. Déterminez en commun ce qu'il en faut prendre et laisser, comment, dans la vie pratique et morale ou religieuse, cette lecture peut être utilisée, en quelles circonstances ? On apprend trop dans nos classes la morale par cœur et pas assez avec son cœur. Au lieu des inefficaces sentences qui concluent volontiers les leçons, une causerie amicale, plus chaude, plus intime que l'élaboration didactique et intellectuelle, que l'explication des mots et des idées, tend à dégager les règles de conduite utilisables dans la vie personnelle ou la vie sociale de chacun. L'élève s'est approprié le contenu de savoir d'une lecture ; qu'il s'approprie maintenant son contenu de vouloir. Quand et comment appliquer la leçon qui nous est donnée? Quand nous trouvons-nous dans les circonstances où cette leçon s'applique? Comment agissons-nous de fait? Comment devrions-nous agir? Entendons-nous bien ! Il s'agit, non d'agiter l'air de vaines paroles édifiantes, mais, dans une causerie à laquelle l'élève prend une part active, de briser l'indifférence de celui-ci à l'égard du contenu de lecture, de toucher son cœur et d'entrer dans la réalité concrète de sa vie.

Certes, il serait imprudent de prêcher à temps et à contre-temps, de vouloir à tout prix tirer ennuyeusement de toute lecture une « morale ». Certains morceaux descriptifs ou plaisants ne sauraient se prêter à aucun commentaire. D'autres, parce qu'ils sont suggestifs et prenants par eux-mêmes, perdraient le meilleur de leur charme et de leur efficacité dans un commentaire maladroit, alors qu'il serait si simple de laisser la vibration intérieure pénétrer jusqu'au tréfond de l'âme par une minute de recueillement intérieur.

Il faut, pour réussir dans cette causerie sur le contenu moral d'un texte, du tact, de l'aimable conviction, de la délicatesse de cœur. La leçon a cessé ; la causerie commence, libre, absolument sincère et confiante, où le maître n'est plus le maître, mais un ami plus âgé, un confident renseigné, avisé aussi, qui ne se laisse pas berner par les hypocrisies de ses jeunes interlocuteurs, mais qui sait accueillir bien discrètement, avec un cœur plein d'une large bienveillance, les paroles qui sortent franchement des lèvres et des consciences décloses. Quand les âmes fraîches se seront ouvertes, quand les cœurs auront vibré, le maître alors pourra conclure par un avis, par un conseil, par un proverbe, semences de vie qui tomberont dans un terrain bien préparé. Il pourra aussi, à l'occasion, enfermer sa conclusion en une courte et émotionnante histoire, plus attachante encore et grosse de viriles résolutions.

La lecture expressive.

Il y a, dans la conversation la plus familière, un accent tout naturel et spontané, qui met en valeur la pensée ou le sentiment ; on n'y prend pas garde peut-être ; il s'y trouve toujours, quand on sait, quand on sent, ce qu'on veut dire. Les mots essentiels sont soulignés par la voix et le geste. Toute lecture est une conversation ou doit tendre à le devenir. Mais, comme le langage, elle ne devient expressive que si elle possède un contenu, que si le lecteur veut vraiment faire comprendre et sentir ce que contient la page qu'il lit. Les mères savent bien avec quel art les enfants font passer dans leur voix leurs émotions, quand ils supplient, quand ils menacent, quand ils parlent de ce qui les touche et les émeut. Or la lecture n'est intelligemment expressive que lorsque le fond du texte a été assimilé. Lorsque les écoliers se le sont incorporé, transformé en « sang et nourriture », c'est leur propre pensée qu'ils expriment, quand ils le relisent. Pour trouver le ton vrai, l'inflexion qui ne ment pas, il faut penser ce qu'a pensé l'auteur, sentir ce qu'il a senti, s'identifier avec lui.

Une telle lecture n'est donc pas, ne peut pas

être un commencement, mais un aboutissement, une application finale. Ce qui n'est ni compris ni senti ne peut être lu que d'une lecture mécanique. L'écolier peut sans doute copier les intonations de son maître ; il est un art simiesque de réciter et de déclamer qui peut tromper l'auditeur inattentif. Mais, dans les classes primaires, une lecture incomprise est généralement hésitante, hâchée, monotone, mal pausée, sans rythme. Nous n'essayerons donc d'une lecture expressive que lorsque nous aurons étudié soigneusement le morceau, lorsque nous en aurons contrôlé l'appropriation par de sérieux comptes rendus.

La lecture expressive, — nous entendons simplement par là une lecture qui fait sentir qu'on l'a comprise, qui en met en valeur le sens, — rencontre plus d'une difficulté dans nos classes.

La technique de la lecture, tout d'abord, n'est pas encore suffisamment possédée, rendue automatique. Les enfants manquent et d'habileté à saisir la valeur des mots et d'habileté à manier leur voix dans les inflexions et le mouvement aptes à en souligner la valeur. La lecture expressive présuppose une certaine dextérité dans l'art de lire. L'association des signes, des images auditives, des sons, doit s'effectuer sans effort, inconsciemment, spontanément. Le gosier lui-même et les appareils vocaux doivent être assouplis, entrainés au chant des mots et des phrases, aux inflexions qui assourdissent ou renforcent, au mouvement qui précipite ou ralentit. Le pianiste ne peut jouer avec âme une composition musicale que si ses doigts ont acquis une souplesse, fruit d'un long exercice, qui leur permet de répondre exactement, immédiatement, au commandement du cerveau. Il en va de même des organes de la voix. La lecture intelligente doit devenir expressive ; mais nos écoliers n'y parviendront guère qu'au cours supérieur, et dans une mesure bien modeste.

La lecture claironnante, criarde, à voix aiguë, en usage dans beaucoup de classes, rend impossible toute expression. Nous préférons entendre les enfants crier quelque peu plutôt que parler d'une voix dolente et paresseuse. Mais il est une limite à tout. Les jeunes coqs qui s'enrouent à lire à plein gosier ne sauront jamais faire chanter la musique d'une phrase. Plus défectueux encore que le ton est le mouvement de ces lectures dites courantes. L'œil parcourt les lignes avec l'extraordinaire vélocité du regard ; la bouche met son point d'honneur à le suivre. Oui, c'est bien une lecture courante, qui se précipite au travers des phrases comme un chien courant à la poursuite d'un lièvre dans les taillis. Que deviennent, dans cette course désordonnée, les exigences de l'oreille, l'intuition intérieure, la vision imaginative, l'impression sentimentale ? Quant à l'intelligence, elle n'y prend évidemment aucune part. Ce semblant d'activité des organes vocaux marque une paresse intérieure, à laquelle les élèves se laissent volontiers entraîner.

Obstacle encore à l'intelligente expression d'un beau texte, la lecture muette, silencieuse, quand elle est précipitée. Nos dévoreurs de livres lisent des yeux pages sur pages, mais sans rien entendre ni du rythme, ni du ton ; toute intuition intérieure prolongée et réfléchie, toute éducation de l'intelligence et du cœur est exclue de pareille lecture. Pour qu'elle soit profitable, la lecture doit faire ouïr intérieurement, silencieusement, la musique du style ; elle doit faire percevoir les pensées et les sentiments, l'intime et substantielle beauté du fond et de la forme.

Ce ne peut être la tâche de l'école primaire
d'initier les élèves à l'art de la déclamation, encore
moins de leur communiquer les artifices des acteurs de théâtre et des lectrices de salon. Tout ce
que nous pouvons demander, c'est que le ton soit
approprié au caractère du morceau, que les écoliers soient à même de le faire entendre et de le
faire goûter ; de l'entendement du sens, du contenu, l'accent convenable jaillit spontanément,
un peu fruste peut-être, qui témoigne que l'élève
a compris. Une telle lecture a l'assurance et
l'allure aisée d'une conversation calme et soignée ; c'est tout ce que l'école primaire peut se
permettre. L'expression est évidemment plus
difficile à obtenir dans une lecture que dans le
parler, car le contenu de la lecture demeure
toujours plus étranger à l'enfant que celui de
son parler. Il n'est pas aisé de se laisser de
côté soi-même pour s'identifier avec un autre ;
aussi bien, le texte a beau être compris, approprié ;
sa lecture ne pourra atteindre la spontanéité de
la libre et confiante conversation. Entre le ton de
désir intense de l'enfant qui tente de persuader
sa maman d'étendre des confitures sur son morceau de pain sec et le ton de ce même enfant qui

lit dans son manuel une histoire de garçon gourmand, il y aura toujours une considérable différence.

Dans la causerie, l'enfant ne pense qu'à ce qu'il désire ou sent ; les mots surgissent automatiquement sur ses lèvres, avec l'accent spontané de l'émotion qui les vivifie. Dans la lecture, il doit prendre garde aux mots ; il doit choisir parmi ces mots, ceux qui doivent être mis en valeur ; il doit choisir parmi les diverses accentuations, celle qui les fera valoir. Cet acte de discernement suppose non seulement que le sens du morceau est parfaitement connu de l'élève, mais encore que celui-ci se rend compte de la valeur respective des mots. Or, dans la lecture, l'œil ne perçoit d'un coup qu'un petit nombre de mots à la fois. Il faut donc apprendre à lire des yeux, à distinguer d'avance parmi les mots d'une phrase ou d'une ligne ceux qu'il est convenable de souligner ; la lecture des yeux doit être de quelques syllabes en avance sur celle de la bouche. Même si la lecture doit demeurer une simple lecture et ne point se transformer en déclamation, même si nous réduisons nos prétentions à une modeste mise en relief du sens, réalisable dès qu'un texte a été simplement compris et goûté, un tel discernement est indispensable.

Comment apprendrons-nous à lire à nos enfants d'une lecture sensée ?

Tout d'abord, lisons lentement. Les yeux, nous venons de le dire, ont besoin d'un peu de temps pour lire à l'avance la phrase, en saisir le sens à nouveau, car le morceau a été travaillé déjà longuement, y discerner les mots à mettre en valeur et choisir l'intonation convenable.

Le débit de la lecture varie avec les divers cours. Au début, aux cours préparatoire et élémentaire, la lecture est encore syllabique. L'enfant avance par syllabes ; puis il déchiffre péniblement ; il concentre tout son effort d'attention, de mémoire, d'intelligence sur l'assemblage des lettres de la syllabe et sa traduction orale au son correspondant : La-mai-son-d'é-co-le-est-si-tu-é-e-au-mi-li-eu-du-vi-lla-ge, ponctue-t-il de la tête, tandis que son front se plisse et ses doigts suivent le texte par saccades. Puis, petit à petit, la lecture se lie ; l'écolier procède par mots, par groupes de mots courts et connus. Mais les pauses sont plus nombreuses que dans la lecture courante ; elles ne sont pas situées à la place que leur assigne le sens, mais où le souffle s'arrête, où quelque difficulté survient : « Le tableau | noir | se compose | d'une grande | table en bois, | peinte | en noir | et de forme | rec | tangulaire ». C'est la lecture hésitante de la seconde année scolaire.

Dès le commencement de la troisième année scolaire, la lecture doit devenir courante ; l'enfant lit sans hésitation un texte à sa portée ; il s'arrête aux signes de ponctuation ; les arrêts vicieux sont l'exception. L'élève possède le mécanisme de la lecture, que l'habitude rendra de plus en plus facile, grâce à l'automatisme croissant.

Les expériences de M. Vaney à la *Société pour l'étude psychologique de l'enfant* démontrent que la lecture syllabique va de 20 à 50 mots par minutes, la lecture hésitante de 50 à 100 mots ; la lecture courante de 100 à 175 mots. A son entrée dans le cours moyen, l'élève devrait donc être en mesure de lire d'un trait environ 100 mots à la minute.

Le décousu et la lenteur de la lecture hésitante oblige celui qui l'écoute à l'effort et à une patience peu commune. D'autre part, la bonne lecture courante n'est ni trop lente, ni précipitée ;

elle est d'un débit plus lent que la conversation ou le discours, où les gestes, les intervalles, les inflexions aident à l'intelligence. D'après M. Vaney, la bonne lecture courante, celle qui se fait comprendre sans effort, celle aussi qui est expressive, est celle qui procède à l'allure de 130 à 150 mots à la minute. L'instituteur qui lit un texte à des enfants moins âgés le lira moins rapidement que celui qui s'adresse à des élèves plus exercés. Mais la vitesse de 150 mots est celle qu'il ne faudrait jamais dépasser. Quoi qu'il en soit, il est bon de se souvenir toujours que mieux on lit, moins on va vite. Toute lecture précipitée est une lecture mauvaise ; ni les auditeurs n'ont le loisir d'entendre et de comprendre ; ni le lecteur celui de discerner les mots à souligner et le ton qui correspond à la nature des idées et des sentiments, sans parler des liaisons fautives, des mots déformés, des coupures incorrectes qui en sont les suites inévitables. On pourra parfois, se permettre des exercices de lecture rapide, comme gymnastique buccale, pour assouplir les organes de la voix. Mais ces exercices doivent demeurer exceptionnels.

L'élève lit donc lentement, sans traîner cependant ; tout son corps est tenu en stricte discipline, campé solidement, la poitrine ouverte, le livre à la hauteur des yeux, la tête droite et non penchée en avant ; la voix jaillit des lèvres d'une émission ferme et déjà virile.

La lecture silencieuse est 1 1/2 fois plus rapide que la lecture à haute voix, nous dit M. Vaney. Qu'un élève un peu lent lise à haute voix, ses camarades qui suivent silencieusement doivent faire effort pour avancer à son allure ; ils éprouvent la tendance à le devancer, qu'ils doivent réprimer. Ils ne suivent pas toujours et nous gourmandons leur étourderie. Nous avons raison ; mais nous ferons bien de nous rappeler « qu'il est assommant, quand on est lièvre, d'aller au pas de la tortue ».

La lecture lente oblige à des pauses fréquentes. Les pauses doivent être placées au bon endroit et sont comme une ponctuation orale du texte. Elles facilitent singulièrement l'intelligence d'un morceau et la mise en valeur des divers membres de phrases. L'auditeur comprend et le lecteur ne s'essouffle pas. Pour avoir oublié cette ponctuation et ces repos, plus d'un élève des classes supérieures place les pauses au petit bonheur, lorsqu'il est à bout de souffle, aspire bruyamment l'air par le nez et la bouche et bientôt se trouve épuisé. Il faut prévoir une respiration tous les six à dix mots.

Le sens exige qu'on sépare les phrases les unes des autres, et aussi les membres de phrases, les divers compléments. Ce sont les temps de la lecture. On peut séparer deux mots sans nécessairement aspirer, sinon le style coupé nous conduirait lui aussi bien vite à l'essoufflement. Les divers signes de ponctuation correspondent en général, dans notre langue, à une diversité de pauses. On recommande parfois de pauser le temps de la virgule en comptant : un ; celui de point et virgule : un, deux ; le point : un, deux, trois ; l'alinéa ; un, deux, trois, quatre. Ce procédé est utilisable au cours inférieur et dans les premiers mois du cours moyen. Les chiffres sont prononcés à basse-voix ou à mi-voix dans le commencement ; ils sont prononcés mentalement dès que l'habitude en est prise. Mais, dès le cours moyen, il faut faire remarquer aux lecteurs que la ponctuation syntaxique et la ponctuation expressive ne correspondent pas toujours et que la durée de la pause dépend du sens et du sentiment plus que de la grammaire.

Il importe que toute lecture soit bien articulée. Tous les mots, toutes les syllabes qui ne sont pas muettes doivent être nettement prononcées pour qu'elles soient nettement entendues. Mais il ne s'agirait pas de scander, de détacher ces syllabes les unes des autres ; les syllabes toutes projetées ainsi avec une égale force d'expiration produisent un martellement désagréable et monotone. L'inflexion et la liaison des diverses syllabes et des divers mots peuvent s'allier avec une articulation nette. La force et la sonorité d'un organe influent moins sur la bonne audition d'une lecture que la netteté de la prononciation. Nos élèves parlent trop souvent sans desserrer les dents et les lèvres ; les maîtres eux-mêmes ne sont pas exempts de ce défaut. Il en résulte un bredouillage fâcheux qu'il faut impitoyablement corriger.

Il n'est point du ressort de l'école primaire de donner aux élèves les règles de l'art de lire et de dire telles que les ont formulées Legouvé et ses successeurs. Les maîtres les trouveront, pour leur compte, dans les livres spéciaux. Nous ne parlerons donc ni de la modulation, ni de l'intensité de la voix, ni du rythme, ni du mouvement de la phrase. Au reste, le ton de la conversation très simple et très naturelle, où l'idée est légèrement soulignée, où l'inflexion montre qu'on l'a saisie et qu'on veut la faire saisir à son tour, est celui que l'école primaire peut et doit uniquement ambitionner d'obtenir, à la fin du cours supérieur. Le maître doit se borner à faire jaillir du contenu même l'accent, l'inflexion et le mouvement, sans autres procédés que l'appel au bon sens et à l'intelligence des enfants. Quelle idée, quels sentiments l'auteur a-t-il voulu exprimer? L'orgueil, le dédain, la moquerie, la tendresse, la passion? Que l'élève trouve donc le ton qu'il prend lui-même, spontanément, en de pareilles occurences. Car il lui est bien arrivé déjà de se vanter, de faire le dédaigneux, de se moquer de ses camarades, de faire le câlin, de se mettre en colère. Qu'il cherche ; il retrouvera vite, avec un peu d'attention, la vibration qui anime sa voix quand il éprouve et exprime ces divers sentiments. Qu'il traduise au besoin en son langage d'écolier la pensée qu'il doit rendre, et, l'intonation trouvée, qu'il l'introduise dans la phrase de sa lecture. Ou bien qu'il l'adresse, cette phrase, à ses camarades, son livre fermé. La psalmodie cesse de se dérouler monotone et chanteuse ; le ton redevient naturel.

Toutes les lectures ne se prêtent pas également à de pareils exercices. Mais celles qui s'y prêtent devraient être traitées de temps en temps, et dès les premières années, au point de vue de l'expression naturelle et élégante. La lecture expressive dramatise l'action, souligne les finesses du style, met en valeur les mots où la pensée se concentre, où le sentiment afflue ; elle excelle donc à faire pénétrer, par l'expérience directe, pour ainsi dire, plus efficace souvent que de longues explications, plus avant dans l'intelligence du texte, dans les intentions de l'auteur ; elle aiguise singulièrement l'esprit et affine le goût ; et, mieux que d'ennuyeux commentaires moraux, elle sait être suggestive de générosité et de délicatesse d'âme.

La prononciation.

La lecture, comme le langage, doit être correctement prononcée. La bonne prononciation n'est pas l'unique but des leçons de lecture, ni même le principal. Mais c'est un point qui ne doit pas être négligé.

L'émission des sons et leur articulation dépend de la conformation normale des organes de la parole. Il y a donc des conditions physiologiques du langage ; les organes doivent être formés et exercés dans leurs multiples combinaisons pour une action commune. De la constitution des organes et de leur éducation dépend en partie la facilité du parler et surtout la bonne prononciation. Un enseignement complet de la langue ne doit pas négliger cette physiologie de la parole. Les organes doivent être assouplis de façon à surmonter toutes les difficultés qui se rencontrent dans le maniement de la langue maternelle.

Les défauts de prononciation se ramènent à trois groupes essentiels : 1° ceux qui proviennent d'une conformation vicieuse des organes de la parole, comme le nasillement, le langage inarticulé ; 2° ceux qui sont provoqués par des troubles nerveux, le bégaiement, le bredouillement, le balbutiement ; 3° ceux qui ont pour origine une imitation volontaire ou involontaire du mauvais parler, la nonchalance, la paresse ou la vivacité excessive, qui sont en somme le résultat d'une mauvaise habitude. Les deux premiers groupes relèvent du médecin ; le dernier, de l'éducation de la volonté.

On donne le nom de *blésité* à la substitution d'une consonne par une autre (généralement d'une consonne dure par une consonne faible), ou à la prononciation vicieuse de telle ou telle lettre. On peut ajouter à ces blésités la trop fréquente suppression d'une voyelle, *e* ou *eu*, ou de lettres finales : *p'tit homme, encr'noir, déj'ner, avé vous, com'i faut, s'i vous plaît, i' m'ennuie*, etc. Mais le plus répandu des défauts d'articulation est la mollesse, le laisser-aller, le manque de force, de netteté, de pureté dans l'émission des sons. Le *a* devient un *â* ; le *u* devient *i* ; chaise devient *chése* ; le *on* est prononcé *an*. De tels défauts sont trop souvent tenus pour quantité négligeable. Et cependant l'un des principaux soucis du professeur de langue étrangère est de former le gosier et l'oreille de son élève à l'exacte prononciation de l'allemand ou de l'anglais. La langue maternelle serait-elle prétéritée ou lui devrait-on moins d'égards ? Elle est un bien national dont il ne faut pas mésuser, auquel il ne faut pas faire tort par une coupable négligence. Le bon parler du reste, comme la bonne lecture, exige une discipline, un effort, une surveillance, une domination de soi-même qui ajoute sa part à l'éducation totale, faite précisément du soin des petits détails.

Il faut bien prononcer, dit-on, et l'élève doit acquérir une bonne prononciation. Mais sur quel exemplaire se modèlera-t-on pour donner cette bonne prononciation? Qu'on suive l'usage, s'écrient les méthodologistes et les philologues! Mais quel usage? Car il y a mille usages divers en France, sans parler de la Belgique et de la Suisse. Celui de Paris? Mais à Paris tout le monde ne prononce pas bien. Celui des lettrés, de l'Académie? A supposer que tous les académiciens prononcent bien, tous ne prononcent pas également. Lequel d'entre eux suivrons-nous? Puis, n'aurait-on pas beau jeu pour accuser les instituteurs de pédantisme, d'intolérable affectation, s'ils s'avisaient quelque jour d'introduire dans nos écoles de villages suisses la pure prononciation du Boulevard des Italiens. Nous nous en tiendrons donc à une règle pratique bien simple, qui ne dépaysera pas les enfants de leur propre milieu, et qui est cependant bien suffisante pour nos classes : nous adopterons la prononciation des gens cultivés de notre région.

Nous avons, en effet, d'autres besognes plus pressantes à fournir que de raffiner sur des nuances subtiles de langage, — qui sont de veiller d'abord à l'émission pure et nette des sons, des *a*, qui soient des *a* et non des *â*, les *in* des *in* et non des *ain* ; ensuite, à l'articulation distincte des consonnes, que les *p* soient des *p* et non des *b*, les *s* des *s* et non des *z*.

Il y a une science de l'exacte prononciation qui étudie l'articulation, la hauteur, l'intensité et la durée des sons d'une langue. C'est la phonétique. Elle prescrit des règles non seulement pour l'authentique émission des sons, mais aussi pour la correction des prononciations défectueuses. Elle aide à découvrir les causes de ces défectuosités et à y remédier. Il serait fort désirable que l'on enseignât dans les écoles normales les éléments de la phonétique et surtout les applications pédagogiques qu'on en peut tirer, et pour soi et pour les autres. Cette science y serait bien mieux à sa place que nombre d'autres savoirs moins utiles auxquels les programmes concèdent de belles heures.

La condition essentielle pour que les élèves

prononcent bien, c'est que le maître lui-même
prononce bien. Mais l'instituteur, qui est du pays,
n'est pas exempt de la contagion ; il ne songe pas
à guérir dans les autres un mal dont il est atteint
lui-même, dont il ne souffre pas, qu'il ignore ou
qu'il aime. Il faut donc faire la part de l'accent,
sinon du feu. Mais il y a une mesure ; si l'on peut
tolérer qu'il traîne sur certaines voyelles, qu'il en
chante d'autres, il n'en est plus de même lorsqu'il estropie les mots, viole des règles parfaitement établies, qu'il doit enseigner, partant observer. Ici encore l'école normale a une tâche importante à remplir, à laquelle elle ne peut se dé-
rober. Elle devrait donner la liste des vocables
ou des sons que la région s'obstine à déformer,
imposer résolument des exercices, quotidiens au
besoin, de prononciation correcte. C'est un ré-
gime à suivre qui à la longue produirait quand
même ses fruits, s'il était ponctuellement suivi et
prolongé hors de l'école normale. J'ai pu constater en effet maintes fois que des enfants sortant
de familles où l'on parlait assez mal prononçaient
sensiblement mieux que leur entourage après un
séjour prolongé dans la classe d'un maître qui
prononçait bien. C'est donc l'oreille qu'il importe

de former et le gosier. Car on ne corrige pas les défauts de prononciation par la pure audition ; il faut exercer les muscles et les organes de la parole. La lecture, la récitation, en particulier, nous en offrent de multiples occasions. La bonne prononciation ne s'acquiert pas en un jour. Aussi ne devons-nous point nous rebuter de nos insuccès apparents. Nous avons à lutter contre l'entraînement du milieu, contre l'insouciance des élèves. Le langage est une habitude ; or la constitution d'une habitude exige effort, patience et longueur de temps.

Nous avons procédé longuement à l'analyse des divers moments et des divers actes de la lecture scolaire. Nous en devons maintenant opérer la synthèse. Nous devons, au risque de nous répéter, dire quand doivent apparaître et dans quel ordre chacun de ces moments, comment traiter pédagogiquement, au cours moyen et au cours supérieur, chacun de ces éléments constitutifs d'une bonne et fructueuse lecture.

CHAPITRE IV

UNE LEÇON DE LECTURE AU COURS MOYEN

Les procédés d'enseignement que recommandent les manuels de pédagogie pour la leçon de lecture s'appliquent surtout au cours moyen. L'âge et les connaissances plus étendues des élèves du cours supérieur imposent des modifications assez sensibles à la méthode traditionnelle; nous les exposerons dans le chapitre suivant.

Nous ne traiterons pas de la méthodologie de la lecture au cours inférieur. L'enfant, à la sortie de ce cours, doit connaître le mécanisme, la technique de la lecture c'est-à-dire être capable d'exprimer oralement la parole signifiée par l'écriture. Qu'il assemble avec sûreté, avec aisance, les syllabes et les mots, qu'il articule avec netteté, qu'il donne à chaque mot l'authentique prononciation qu'a consacrée l'usage, qu'il ait contracté l'habitude d'être des yeux en avance d'un mot sur la lecture orale, qu'il parcoure sans hésitation un texte facile, enfin qu'il puisse, moyennant quelques explications et quelques questions, donner le sens du morceau qu'il vient de lire, voilà ce que le cours moyen suppose avoir été acquis définitivement dans la division élémentaire. L'écolier sait lire des yeux et de la bouche ; le cours moyen va pousser plus avant cette capacité ; à la lecture courante succède la lecture intelligente. L'enseignement, dans le cours intermédiaire, doit rendre la lecture suffisamment aisée et familière pour qu'un texte à la portée du vocabulaire et de l'esprit de l'écolier soit saisi par lui et redit en un bon compte rendu, sous la direction et la discipline du maître. Il ne s'agit plus d'apprendre à unir des sons et des syllabes à des signes et à des caractères, mais d'apprendre à bien comprendre et à bien rendre.

Nous adoptons, pour ce cours, la marche des leçons de lecture que proposent la plupart des manuels de pédagogie. Mais nous la détaillons en suivant les étapes, les moments de l'assimilation d'un savoir qui découlent de la psychologie de l'intelligence, et d'après une terminologie qui est devenue familière aux instituteurs de la Suisse romande tout au moins.

La préparation de la leçon.

Oui, toute leçon de lecture doit être préparée. Il est désagréable à un maître d'être pris par ses élèves en flagrant délit d'ignorance de sa propre langue ; or, les textes contiennent souvent des termes anciens ou rares ou des expressions imprévues auxquelles se heurtera presque infailliblement le maître le plus expérimenté. Il faut que celui-ci comprenne bien lui-même le texte qu'il doit faire comprendre aux autres. Puis l'art de faire travailler les élèves sur un morceau ne s'improvise pas plus qu'aucune autre besogne scolaire.

1. L'instituteur doit, en premier lieu, bien choisir le texte qu'il proposera dans la leçon prochaine ; il doit pouvoir se justifier à lui-même ce choix. Pourquoi choisir tel chapitre et non tel autre, et pourquoi maintenant? Un principe unique, mais essentiel, doit le guider : Rattacher toujours le texte à quelque intérêt chez l'enfant.

Ce texte doit correspondre à quelque « besoin » de la vie psychologique ou studieuse de l'élève. Cet intérêt peut être provoqué par l'enseignement antérieur ; le chapitre complète donc les connaissances communiquées avec chaleur et attrait dans les leçons précédentes ; il répond au désir ressenti par l'écolier de les poursuivre plus avant.

C'est ainsi que l'étude du Jura ou des Préalpes suisses, leur aspect, la description animée, pittoresque de la vie au pâturage, trouve un complément naturel dans la lecture de la *Montagne* (Fribourg, degré supérieur, p. 302), des *Vallées de nos Alpes* de Rambert (Vaud, p. 81), du *Jura vaudois* de Porchat (Vaud, p. 83). Inversement, une lecture attachante peut être une excellente préparation à des leçons subséquentes. La *Vie au chalet*, par Veuillot (Fribourg, p. 100), le *Moléson* de Perrier (Vaud, p. 103), *Un pâturage dans les Alpes* de Rod (Genève, p. 172), peuvent servir d'introduction à l'étude des Préalpes. Ziller recommandait d'abord l'étude de toute nouvelle période historique (et c'est autour de l'histoire que se concentrait son programme entier) par la lecture d'une belle poésie qui en ramassait les traits caractéristiques en un tableau synthétique et saisissant. Les fêtes nationales et religieuses, les saisons, les événements de la vie écolière, voire les capricieuses attirances de l'actualité, offrent de nombreux points d'attache entre des chapitres un peu arides ou malaisés à faire comprendre à l'esprit de l'enfant, dont l'effort d'attention et d'application est doublé par l'attrait émotionnel qu'on a su provoquer. Or l'intérêt communiqué à un point quelconque du morceau se diffuse au travers du morceau entier et imprègne toute la leçon. Nous n'utilisons pas assez dans notre enseignement ce phénomène psychologique de la diffusion psychique des sentiments. Une sensationnelle prouesse d'un aviateur, sa mort tragique peut-être, voilà l'occasion naturelle d'interpréter, dans le très intéressant recueil de Mironneau (Cours élémentaire, p. 251) la *Conquête des ailes* de Lavisse. Les *Rogations* de Châteaubriand sont lues à l'époque où se célèbrent ces processions auxquelles participent nos écoliers catholiques. Lectures géographiques, historiques, patriotiques, scientifiques, toutes trouvent leur place opportune dans l'horaire au moment précis où s'étudient les notions auxquelles elles se rapportent. Les lectures morales et littéraires aussi ont leur temps utile que l'instituteur sait bien découvrir.

Car notre choix ne dépend pas seulement des circonstances extérieures. La meilleure des justifications est tout intérieure : l'élève est mûr pour la lecture de tel morceau. Celui-ci correspond à son âge et à son développement actuels ; il est à son exacte portée. C'est donc maintenant et non plus tôt, ni plus tard, qu'il doit être lu. Plus tôt, il aurait été trop difficile ; plus tard, il deviendrait trop facile. Il y a dans la vie du jeune homme un moment où la *Chèvre de M. Seguin* produit son maximum d'effet. Il est donc, pour toute lecture, un moment propice, un moment *optimum*, que les maîtres qui ne demeurent pas aveugles et inertes devant les imperceptibles manifestations de l'évolution des âmes enfantines savent très bien discerner.

2. Le choix du morceau une fois fixé, déterminez avec précision le but que vous vous proposez d'atteindre dans cette leçon de lecture. Sans doute, il est en général nécessaire de parcourir complètement les diverses étapes successives d'une leçon. Mais il est bon de varier aussi, car

L'ennui naquit un jour de l'uniformité.

Puis, vous ne pouvez épuiser en une leçon tout le contenu éducatif d'une page d'écrivain. Tout est dans tout, disait Jacotot ; mais il n'est pas nécessaire de faire trouver toute la langue et d'exercer l'élève à l'art complet de lire dans le seul premier chapitre de *Télémaque*. Précisément parce que tout est dans tout, il nous est loisible de sérier les difficultés, de laisser pour les morceaux suivants quelques tâches moins immédiatement nécessaires, de ne proposer qu'un but partiel dans l'étude du texte présentement en cause. Chaque leçon doit se proposer une fin particulière, qui lui donne sa note dominante, son ton caractéristique. Ici, nous aurons en vue la lecture intelligente, là le compte rendu interprétatif ; ailleurs la causerie sur le contenu, le profit intellectuel ou moral qu'on peut tirer d'une page éducative. On vouera, selon les nécessités qui se présentent et le caractère du morceau, une attention spéciale tantôt au vocabulaire, tantôt à la suite des idées et à leur enchaînement, tantôt au développement d'une pensée en ses dernières ramifications, tantôt au discernement des idées essentielles et des idées accessoires, tantôt aux transitions et à la liaison des paragraphes entre eux. Les divers moments, les divers actes d'une lecture seront ainsi successivement étudiés. Nous recommanderions même volontiers aux instituteurs de se déterminer, pour leur usage personnel, un programme bref et précis des difficultés à vaincre, des obstacles à écarter, qui s'opposent à l'acquisition de l'aptitude à bien lire, d'établir une progression systématique des exigences qu'ils peuvent formuler à mesure que les élèves avancent dans leur capacité de lire. On ne peut procéder au hasard ; chaque leçon doit communiquer aux élèves comme une aptitude nouvelle qu'ils ne possédaient pas auparavant.

3. Le morceau est choisi ; le but est fixé qui forme le point d'arrivée, d'aboutissement de la leçon. Celle-ci doit être maintenant organisée méthodiquement.

a) Je discerne d'abord ce qui, dans la matière dont traite le chapitre, est connu des enfants de ce qui ne l'est point encore, ce que je dois donc ajouter, comme préparation immédiate, introduction, à ma leçon, et ce qui m'est fourni par la préparation éloignée de mon enseignement antérieur. Quelles notions connues rappeler ? Quelles explications nouvelles de mots ou de choses donner pour que le texte soit réellement compris. Je détermine mon point de départ, ce que nous avons appelé l'introduction aperceptrice.

b) Je lis attentivement mon chapitre. Même si je l'ai commenté dix fois déjà précédemment, je dois le relire. Je cherche quelle en est l'idée principale et quelles sont les idées secondaires. Je note d'un trait vertical ou de tout autre signe conventionnel, dans mon propre manuel, les divisions logiques du morceau, afin d'interrompre les élèves dans leur lecture, pour leur en demander le compte rendu, non au hasard des lignes, mais d'après les coupures du sens. Quand et comment utiliserai-je les gravures du livre ou les tableaux intuitifs utiles à l'interprétation du texte ? Je prépare encore les mots de rappel qui résumeront au tableau noir l'essentiel de chaque paragraphe. Les élèves doivent s'employer sans doute à les chercher, et s'ils en rencontrent de plus expressifs que les miens, je les accepterai. Mais je ne me laisserai pas prendre au dépourvu, quitte à me contenter de ce que les enfants me proposeraient au petit bonheur. J'indique aussi, dans mon journal de classe, ou tout au moins dans mon manuel, d'un mot ou d'un signe, la manière dont le compte rendu sera présenté, simple ou interprétatif, abrégé ou développé.

c) Je lis le chapitre une seconde fois, et de très près, pour y souligner d'un trait les expressions difficiles, figurées, les mots inconnus, les phrases complexes, les passages à expliquer. Comment faire saisir le sens de tel mot ? Comment interpréter telle métaphore ? Le maître doit suffisamment connaître la portée de ses élèves pour discerner avec quelque sûreté quels mots ceux-ci comprennent et quels ils ne comprennent pas.

d) Je prends note, en même temps, des particularités orthographiques et grammaticales sur lesquelles il est utile d'attirer l'attention en passant. Nos leçons de lecture ne doivent pas dégénérer, à notre avis, en leçons de grammaire et d'orthographe. La concentration des diverses branches doit demeurer discrète et ne point se transformer en confusion. Mais il est sans doute permis de toucher à la grammaire et à l'orthographe, lorsque la phrase s'y prête, lorsqu'un éclaircissement est réclamé tout naturellement par le texte lui-même, lorsqu'il n'interrompt pas la marche de l'enseignement et n'est point par conséquent une cause de distraction.

e) Le jugement moral, la causerie sur le contenu mérite aussi réflexion ; c'est l'une des parties le plus délicates, mais le plus fructueuses de notre enseignement. Ne ressassez pas indéfiniment les mêmes prêches ennuyeux, les mêmes formules inefficaces. Mettez en relief tel fait, telle idée saillante ; faites causer les écoliers sur un point précis ; provoquez leur sentiment sur un cas déterminé, d'application très concrète dans leur vie, dans la vie de leur milieu.

f) Il est utile de prévoir, dès la préparation, les exercices qu'on peut tirer du morceau étudié, composition, grammaire, orthographe, etc.

g) Les inflexions, le ton que vous prendrez dans votre propre lecture, sont à prévoir dès avant la leçon. Lisez vous-même d'avance le texte à haute voix, afin de le présenter aux élèves d'une lecture intelligible, qui rehausse le sens et mette en valeur pensées et expressions. Épargnez-leur les hésitations, les reprises et les méprises des lectures improvisées. Notez enfin les difficultés de prononciation, diphtongues, associations de lettres, auxquelles vos écoliers ne sont pas encore habitués, ainsi que les indications sur le débit et l'expression que vous jugerez opportunes.

Marche d'une leçon au cours moyen.

1. *Introduction aperceptrice.*

a) Le maître indique le sujet du chapitre dont on va commencer la lecture. L'annonce alléchante d'une page intéressante peut exciter une saine et féconde curiosité. Il est inutile d'ajouter une exhortation, longue ou courte, sur l'excellence des idées contenues dans le morceau, sur l'attention qu'on doit leur prêter. Ces considérations produisent plutôt l'effet contraire de celui qu'on en attend.

b) Toute lecture déplace l'esprit et le transporte dans un autre lieu, dans un autre temps, au milieu de personnages et d'objets nouveaux. Il faut donc l'acheminer vers le sujet, lui en faciliter l'accès, l'y introduire, et comme l'y installer. Les notions supposées connues par notre chapitre, et qui le sont en réalité de par l'enseignement antérieur, sont rappelées rapidement. Quelques brèves questions remettent donc en mémoire ce dont il est nécessaire de se souvenir. La lecture présente est ainsi rattachée aux précédentes leçons. Le maître expose ensuite en quelques mots les circonstances particulières que les élèves ne connaissent pas et qu'ils doivent savoir pour saisir le sens du texte. Il décrit en deux phrases le Jardin du Luxembourg, cher aux enfants parisiens, où se passe la jolie scène des *Deux abandonnés* (Genève, p. 257), la forêt des Ardennes et la vie des bûcherons, à propos du *Chien de Brisquet* (Fribourg, p. 89). Ces explications préliminaires doivent être très brèves ; elles ne sont utiles que pour autant qu'elles sont indispensables pour situer le morceau et le rendre intelligible. Elles n'ont d'autre but que de préparer l'élève à la compréhension de la lecture, de le placer dans les conditions qui font qu'il y a de sa part lecture réelle, c'est-à-dire un sens trouvé sous un texte. L'introduction doit éveiller les idées et les images utiles ; elle doit préparer « l'aperception ». Elle doit provoquer aussi l'intérêt. Dès les premiers mots, dans l'indication suggestive, pleine de promesses, du sujet un maître habile sait trouver la formule heureuse, qui met le texte en connexion avec quelque intérêt naturel ou dérivé dans l'enfant. L'attente, précurseur de l'attention, concentre toutes les facultés en éveil sur le texte que le maître s'apprête à lire et que les écoliers écouteront, leurs livres fermés ou retournés sur leurs bancs.

2. *Donné concret.*

a) Le donné concret sur lequel va s'exercer l'intelligence de l'élève, c'est le texte lui-même. Le maître le présente à la classe en le lisant en entier. S'il est trop long pour être lu en entier, on n'en lit que les quelques paragraphes, — formant un tout complet, — qui seront expliqués au cours de la présente leçon ; mais alors il faut donner en quelques phrases le sujet du morceau entier. Les morceaux du manuel du cours moyen doivent être courts, une page, une page et demie au plus. Quelques pédagogues conseillent de narrer d'abord l'histoire contée dans le chapitre à interpréter, d'exposer tout au long son contenu. C'est un procédé indispensable au cours inférieur, mais qu'il faut abandonner au cours moyen. A notre avis, il faut mettre à même l'enfant d'entendre notre lecture, provoquer sa curiosité, puis le placer immédiatement en contact avec le texte.

Le maître doit donc lire en premier lieu. Sa lecture est comme la norme, l'exemplaire, sur lequel les élèves calquent leur propre lecture, leurs intonations, leurs repos, leur prononciation. La lecture du maître n'est ni affectée, ni théâtrale, mais parfaitement intelligible, forte, bien articulée, respectueuse des liaisons et de la ponctuation ; le contenu est mis en valeur par une expression légèrement nuancée. Les coupures, les pauses sont conditionnées par le sens, comme aussi le groupement des mots. L'élève doit percevoir une première idée du sens dans cette lecture préalable ; il est donc nécessaire de la faire ressortir. Or, une lecture ne met en lumière la pensée que si elle a été bien préparée, si elle est lente, sans être traînante. Bien faite, elle épargne plus d'un commentaire et plus d'une méprise ; elle prépare utilement l'interprétation du texte.

b) Dans la moindre de ses pages, l'auteur s'est proposé un but, une idée à répandre, un sentiment à provoquer ; ce but, cette idée, cette intention fondamentale, doit être identifiée dès l'abord. Les élèves, qui ont entendu la lecture du maître, doivent pouvoir la formuler avec plus ou moins de précision et de bonheur. Les paragraphes successifs qu'ils liront bientôt contiennent des idées secondaires, qui devront être, dans leurs comptes rendus, rattachées à la principale. Il est nécessaire de dégager celle-ci dès maintenant. Un court interrogatoire permet d'abord de constater que le morceau a été compris dans son ensemble. Puis, nous nous efforçons de faire trouver et dire en une phrase quelle pensée l'auteur a voulu développer, quelle impression il a voulu produire, quels sentiments éveiller. L'écrivain lui-même a nettement fait ressortir parfois son intention, au cours ou à la fin de la page qu'il a écrite. Qu'on la dégage donc du contexte.

On peut avantageusement placer ici les explications de détails indispensables pour l'intelligence des paragraphes qui vont être lus individuellement par les élèves. Telle expression est nouvelle ou prise dans une acception encore inconnue ; il faut l'expliquer. Telle phrase est elliptique, il faut la compléter. On rencontre une allusion à un phénomène naturel, à un fait d'observation journalière ; il faut éclaircir cette allusion. Mais qu'on soit discret ; qu'on ne dise que ce qui est nécessaire ; qu'on prenne garde de ne pas tuer la curiosité, de ne pas épuiser le contenu du morceau avant qu'il n'ait été lu. C'est le texte qui doit instruire l'élève, dans la lecture ;

le maître ne doit que le mettre à même de s'instruire au moyen du texte, rendu intelligible. Ces explications de détails ne peuvent être données que lorsque les écoliers ont pris connaissance du morceau, après que celui-ci leur a été lu, par conséquent. D'autre part, elles doivent être communiquées avant qu'ils ne le lisent eux-mêmes, pour que leur lecture soit intelligente, pour qu'ils saisissent le sens de ce qu'ils lisent. Les lectures individuelles et les comptes rendus ne doivent pas être coupés par des interventions intempestives du maître, qui ne peuvent que distraire et dérouter les enfants dans leur travail. Les paragraphes à lire doivent donc se trouver, dans toutes leurs parties, accessibles aux écoliers, lorsque ceux-ci commencent leurs lectures individuelles. Le donné concret sur lequel vont s'appliquer leurs jeunes intelligences doit leur être complètement, définitivement présenté, lorsque commence l'élaboration proprement didactique de la page à interpréter.

3. *Élaboration didactique.*

a) Les élèves lisent individuellement, par paragraphes, coupés selon le sens et les divisions du morceau. Les élèves les plus forts sont appelés d'abord ; puis, une fois la classe entraînée, les plus faibles. Dès qu'un paragraphe a été lu, il faut en exiger le compte rendu immédiat ou du lecteur ou de ses camarades. Tous doivent suivre, car la leçon doit être collective ; tous doivent donc être capables de répondre.

La première lecture est souvent défectueuse. Ne vous impatientez pas. N'interrompez pas l'écolier en faute ; laissez-le terminer sa phrase, voire son paragraphe. Alors seulement vous le reprendrez ; les interruptions interloquent l'enfant, lui font perdre le fil de l'idée et même le fil de sa lecture, l'embrouillent au point qu'il ne sait plus ce qu'il a lu. Il ne trouve pas le sens sous les mots ; il n'y a pas lecture. Que les instituteurs nerveux se surveillent donc et n'interviennent point hors de propos. Tout au plus peut-on faire répéter un mot mal lu, mal prononcé, pris pour un autre ; mais encore un signe suffit souvent, un coup de crayon sur la table, pour faire reprendre le mot précédent, deux coups pour faire reprendre la phrase entière. Ne donnez de la voix que le moins possible. L'enfant seul a droit de parler, pendant sa propre lecture. Respectez son droit. Si sa lecture était vraiment par trop défectueuse, vous l'obligerez à relire, après observations et réprimandes duement motivées.

Que la lecture des élèves en particulier ne soit pas interrompue non plus par des explications intempestives. Nous sommes, si vous voulez bien, dans une école vaudoise. Les élèves ont ouvert leurs livres à la page 135 du livre intermédiaire : *La salle des chevaliers à Chillon.* « Paul, commencez ! — La salle... — Qu'est-ce qu'une salle ? Quelle est la différence de sens entre le mot salle et le mot chambre ? Appartement ? A quoi servent les salles, etc. — Continuez Daniel, — des chevaliers... — Qui appelait-on les chevaliers ? A quel époque florissait la chevalerie ? Comment était-on armé chevalier ? Quels services la chevalerie a-t-elle rendus ? — A vous, Charles... — A Chillon... — Où se trouve Chillon ? Qu'est-ce que Chillon ? Qui habitait Chillon ? Que vous rappelle Chillon ? Pourquoi a-t-on enfermé Bonivard à Chillon ? » — De telles lectures ne sont pas des lectures, mais de la fainéantise agitée et bruyante.

Comment procéder avec les mauvais liseurs ? Car il en est qui traînent au fond des classes, pour qui le livre est un cauchemar, tant ils ânonnent avec peine ce qu'ils lisent et tant aussi ils ont essuyé de rebuffades. On les appelle les derniers, alors que le texte a été lu et relu à satiété. Ils le savent à peu près par cœur pour l'avoir entendu ressasser longuement ; ils le récitent plutôt qu'ils ne le lisent et tâchent de se tirer des mauvais pas par cent échappatoires. La nécessité brutale exige que, si l'on veut qu'ils sachent lire un jour, il faut les obliger à lire ; il faut donc les placer quelquefois en face d'un texte qu'ils ne savent pas par cœur, que le maître seul a lu ou quelques élèves seulement avec lui ; il faut qu'ils aient leur paragraphe à interpréter. Qu'ils le syllabent d'abord collectivement, peut-être, ou individuellement, afin de le déchiffrer, de surmonter les difficultés matérielles de l'assemblage des lettres et des syllabes ; si cet exercice est bien conduit, il permettra au moins d'aboutir à une articulation nette, à une prononciation correcte ; ce ne sera point du temps perdu. Puis ils liront, lentement, comme ils peuvent ; ils reliront une seconde fois, en liant bien les mots, en évitant les hésitations et les cahots. Ils feront enfin un compte rendu, afin que la pensée enclose dans les mots et les signes s'en dégage et apparaisse en leur esprit. L'essentiel, à notre avis, c'est qu'ils n'en restent pas, par la faute du maître, à la lecture purement mécanique, sans qu'une pensée ne soit extraite du texte lu. Il faut les amener à l'idée, au contenu, sinon jamais ils ne sauront lire, jamais ils n'éprouveront la velléité de lire ; on aura étouffé en eux l'intérêt ; le germe même du désir de l'instruction est tué, — pour la vie parfois. Il faut donc les encourager et leur montrer par leur propre victoire comment peut se vaincre la difficulté de découvrir l'idée lumineuse et riante dans ce pénible assemblage des lettres et des syllabes qui leur est un véritable tourment.

b) Dès qu'il aura été interrompu par un signe ou un mot du maître, et sans qu'il en soit prié, l'élève présente son compte rendu. Il redit en quelques mots simples, en quelques phrases claires, ce qu'il a retenu. Au commencement, ce compte rendu est maigre et chétif; on doit le lui faire compléter au moyen de questions posées sur le contenu du paragraphe qu'il vient de lire. Mais, de grâce, que l'instituteur ne se substitue pas à l'initiative personnelle de ses élèves, qu'il calme son impatience ; qu'il les laisse dès les premières leçons exposer ce qu'ils ont saisi dans leur lecture, sinon ils attendront, par pure paresse, des questions qui leur suggèrent une bonne partie de leurs réponses.

Afin de sauvegarder l'intérêt et l'ardeur joyeuse, ne ressassons pas indéfiniment le même chapitre. Les écoliers finissent par le savoir par cœur ; ils en ont la nausée. Qu'on le lise deux ou trois fois, au cours moyen, et qu'on passe à d'autres. A chacune de ces lectures successives du chapitre, les exigences du maître varient et augmentent. Il ne demandera, la première fois, qu'un exact compte rendu du sens du paragraphe lu. Le deuxième compte rendu déterminera et précisera en une formule l'idée secondaire contenue dans ce paragraphe et son rapport avec l'idée principale, inscrite au tableau dès la lecture faite par le maître. Cette idée secondaire sera à son tour résumée au tableau, en une phrase, au début, puis en un simple mot de rappel. La troisième fois, l'instituteur peut faire pénétrer l'élève plus avant dans l'intelligence du morceau, fond et forme. Ici peut se placer l'explication du texte si fort en honneur aujourd'hui sous le nom de lecture expliquée dont nous parlerons plus longuement à propos du cours supérieur et des lectures littéraires. Les trois lectures précédentes permettent maintenant une étude plus approfondie et des idées et de leur expression. Si simple en effet que puisse être l'interprétation d'une page d'écrivain, elle n'est profitable à nos jeunes élèves qu'une fois familiarisés avec elle par plusieurs lectures. Mais qu'on évite de s'écarter du texte, de se perdre en digressions oiseuses, de sacrifier la lecture proprement dite sous prétexte d'explications.

L' « explication française » doit être a notre avis très discrète et très élémentaire au cours moyen.

c) La lecture simultanée de tous les élèves, en chœur, est un excellent exercice de diction et d'expression, dans cette division déjà, un excellent exercice d'articulation en tout cas, si l'on parvient à obtenir de l'ensemble, de l'harmonie, si les inflexions, les pauses, les renforcements de la voix, les ralentissements, sont exécutés avec une parfaite uniformité. Le maître doit donner le signal du départ et suivre du geste le rythme et les repos. Des enfants entraînés à cet exercice arrivent à produire de véritables effets d'art. Il faut éviter la monotonie, la psalmodie chantante et artificielle, le brouhaha et surtout les cris. Mieux vaut laisser de côté ce procédé que d'en user maladroitement.

4. *Récapitulation.*

Elle se fond avec le compte rendu global. L'idée principale est inscrite au tableau noir et les idées secondaires y sont mentionnées par des phrases d'abord, puis, plus tard, par des mots de rappel. Ce résumé, constitué par les enfants au fur et à mesure de la lecture de chacun des paragraphes et qui est sous leurs yeux, les aide à présenter en un exposé sommaire, mais logique, complet, en langage correct, aisé, ce que contient le chapitre qu'ils viennent de lire et d'étudier. Nous parlerons plus longuement de cet exercice et des suivants, à propos de la leçon de lecture au cours supérieur.

5. *Applications.*

La première application est la causerie sur le contenu, qui doit être courte et discrète, dans cette division.

La lecture expressive est aussi, en somme, un exercice d'application. Elle synthétise les explications qui ont fait connaître un morceau jusque dans son intime structure et son intime beauté. Elle n'est possible que lorsque le texte a été parfaitement élucidé et compris. Jusqu'ici les prétentions du maître se sont réduites à tâcher d'obtenir une lecture matériellement bonne. Il lui est possible, après avoir parcouru deux ou trois fois le chapitre, d'essayer d'une lecture un peu nuancée déjà, qui en mette en valeur le sens. L'instituteur lit d'abord, sans affectation, mais d'une façon exemplaire, à la portée de l'imitation des écoliers cependant. Les élèves se risquent à sa suite, en chœur, en modelant leur diction sur celle de leur maître. Quelques-uns des plus forts peuvent tenter une lecture légèrement expressive. Les essais de diction ne doivent pas se prolonger longtemps. Il vaut mieux exercer un paragraphe à fond que d'ébaucher la lecture expressive de tout un chapitre. Tous les morceaux ne s'y prêtent pas. Il faudrait réserver ces exercices aux pages réellement littéraires. Au reste, c'est une tâche qui est plutôt du domaine du degré supérieur.

Le texte peut servir ultérieurement à des exercices de rédaction, d'orthographe et de grammaire. Mais ces utilisations rentrent dans le programme et la méthodologie de l'enseignement de la composition, de l'orthographe et de la grammaire. La lecture doit être et rester essentiellement une leçon de lecture. Certains maîtres maladroits mêlent tout, sous couleur de concentration. Non content de donner force commentaires historiques, géographiques, scientifiques, au milieu de la lecture, ils font suivre chaque compte rendu partiel de vocabulaire, de décomposition de mots et de propositions, de recherche d'homonymes, de synonymes. Une concentration de ce genre n'est qu'une intolérable confusion. Il est un temps pour tout, un temps pour la lecture, un temps pour le vocabulaire, un temps pour la grammaire et un temps pour l'orthographe.

Mais il est incontestable que la lecture peut et doit aider à l'enseignement des autres branches de la langue maternelle. Il ne suffit sans doute pas que l'élève ait rencontré dans un morceau un mot inconnu, l'ait correctement entendu prononcer par le maître, pour qu'il sache à son tour le redire plus tard, et encore moins l'orthographier ; mais un texte lu peut servir de base à des exercices de vocabulaire oraux et écrits. Ce même texte peut fournir des exemples typiques des règles syntaxiques et d'excellents devoirs d'application aux leçons de grammaire. Les procédés d'organisation d'un plan logique, l'agencement des phrases et leur succession, le style, observés au cours d'une lecture par nos élèves, leur sont utiles pour leurs compositions. Mais la pure lecture ne suffit pas à l'enseignement total de la langue maternelle ; il est nécessaire de donner des leçons spéciales de grammaire, d'orthographe, de vocabulaire, de composition, distinctes des leçons de lecture, quoique appuyées si l'on veut sur le texte lu. A ce propos ne peut-on pas se demander si l'utilisation, pendant les leçons de vocabulaire, de grammaire, d'orthographe, de composition, d'un chapitre qui a déjà été lu et commenté deux ou trois fois, pendant plusieurs heures, ne provoque pas chez l'enfant du dégoût, de l'ennui tout au moins ? Qu'on demeure dans la discrétion convenable, sinon le livre de lecture qui devrait être un messager de joie et de « bonne nouvelle » risquera d'être pris en grippe, honni et jeté, au sortir de l'école, avec un soupir de soulagement.

CHAPITRE V

LA LECTURE INTELLIGENTE AU COURS SUPÉRIEUR

Les élèves ont appris au cours inférieur la lecture mécanique et la lecture intelligente au cours moyen. Ils savent lire, — mais sous la direction du maître, sous sa vigilante surveillance et son commandement impératif. Or, c'est de cette tutelle diligente qu'il faut les délivrer maintenant ; il faut les amener à lire d'un acte libre, c'est-à-dire à saisir, à rendre et à juger de par leur propre initiative et leur propre raison le sens contenu sous les mots imprimés. Il faut les mettre à même d'user, dès leur sortie de l'école, du livre directement, sans intermédiaire ni contrôle, pour y chercher la pensée qui éclaire, celle qui réconforte ou celle qui délasse.

Et qui les délivrera de la sujétion du maître,

sinon le maître lui-même ? Aussi bien toute sa tâche éducative ne consiste-t-elle pas, ici et ailleurs, à se rendre inutile, à mettre le jeune homme à même d'user, en vue d'atteindre la destinée de toute vie, de sa propre conscience, de sa propre volonté, de sa propre action, dès le seuil de la virilité.

Certes, la partie mécanique de la lecture n'a pas encore été rendue complètement automatique ; nous aviserons donc à perfectionner encore la lecture courante. Mais notre attention, dans ce cours, le dernier de l'école primaire, doit s'attacher spécialement à la formation de la spontanéité de l'élève dans la compréhension et l'interprétation des textes.

Le perfectionnement de la lecture courante.

La lecture, à la sortie du cours moyen, commence à devenir une habitude. L'écolier ne doit plus hésiter dans la transposition du langage écrit en langage parlé, sauf en présence de certains mots d'orthographe ou de prononciation peu commune. S'il ânonne encore et déchiffre avec quelque difficulté, nous avons le droit de penser que l'éducation préalable a été défectueuse et que cet élève devrait être renvoyé au cours moyen. La technique de l'art de lire est sans doute encore loin d'être parfaitement possédée. L'effort du maître se porte maintenant sur trois points : la correction des défauts de prononciation, la rapidité et la sûreté de la lecture, la diction.

Dès les premières heures de la première classe, l'instituteur doit veiller à l'exacte prononciation des élèves. La langue maternelle est un patrimoine que nous devons transmettre intact, inaltéré, à nos enfants, de génération en génération. Dans le cours inférieur, dans le cours moyen encore, nous nous sommes attaqués aux plus gros défauts ; nous pouvons espérer, au seuil du cours supérieur, avoir eu raison des plus détestables habitudes de prononcer. Il nous reste à cultiver la netteté et la pureté de l'émission des sons, l'acuité de l'oreille dans le discernement des nuances et la souplesse du gosier à les rendre. Les livres spéciaux et l'observation des fautes locales renseigneront sur ce point l'instituteur averti, soucieux de sa propre prononciation et de celle de ses élèves.

La rapidité et la sûreté de la lecture exigent aussi quelque soin. Jusqu'ici la lecture traînait un peu. L'appel des mots sur la bouche à la simple vision des caractères s'opérait avec quelque lenteur. Des mots étaient parfois pris pour d'autres, des syllabes disparaissaient du corps d'un mot, défauts divers que nous lègue fatalement le cours moyen. Il faut exiger des yeux qu'ils lisent plusieurs mots en avance sur la bouche et que les lèvres s'exercent à prononcer vite et distinctement. Les yeux avancent par bonds sur la ligne imprimée et courent sur la partie supérieure des caractères ; ils saisissent les mots par groupes de quatre à six et les reconnaissent grâce à leur configuration générale plutôt que par une analyse détaillée des éléments graphiques qui les composent. Ce mécanisme doit, par un entraînement rationnel, devenir automatique. Entraînons donc de temps en temps les élèves à lire un texte, déjà parcouru une fois ou deux, d'une allure plus vive, mais non précipitée, pour leur apprendre à saisir les mots par groupe et à les reconnaître avec sûreté. Quant aux organes de la parole, ils doivent acquérir une habileté d'articulation telle qu'une lecture à haute voix puisse être rapide sans cesser d'être intelligible, sans que les syllabes chevauchent les unes sur les autres, sans qu'il y ait bredouillement.

Nous n'avons exigé jusqu'ici qu'une lecture dont le sens était légèrement souligné par l'expression. Au ton qu'il émettait, aux pauses qu'il faisait, nous jugions que l'élève comprenait ce qu'il lisait. C'est tout ce que nous pouvons demander de la division moyenne. La division supérieure peut exiger davantage. Encore que l'art d'utiliser un livre pour leur profit intellectuel ou professionnel soit plus important que de connaitre les principes de la déclamation, il nous est permis d'initier nos écoliers à la lecture expressive. Jusqu'où pourrons-nous aller ? Le bon sens de l'instituteur en décidera. Par quels moyens ? Les ouvrages spéciaux sur l'art de lire et l'art de dire sont nombreux, qui fournissent toutes les indications désirables.

L'intelligence du texte au cours supérieur.

L'école, comme toute l'œuvre d'éducation, a pour but de mettre l'adolescent à même de vivre personnellement sa vie. Or, sorti de l'école, le jeune homme lira ; nous ne lui apprendrions pas à lire, si nous n'estimions pas que plus tard il doive lire, si la lecture n'était pas devenue pour tous une impérieuse nécessité de l'existence actuelle. Il faut donc l'initier à l'art de lire un texte par lui-même, au sortir de l'école, à l'entrée de la vie, c'est-à-dire de pouvoir le saisir, l'interpréter, le juger par lui-même. La note caractéristique de l'enseignement de la lecture, dans la division supérieure, consiste dans la formation et la mise en valeur de l'initiative, du travail personnel, dans l'art de saisir, d'interpréter, de juger un texte.

Saisir, comprendre d'abord. Dans les classes précédentes, la lecture de l'élève est précédée d'une préparation, d'une introduction aperceptrice, plus ou moins longue selon la difficulté et la nouveauté du morceau ; puis le maître lit le texte, en fait trouver l'idée dominante, les principales idées secondaires aussi, peut-être ; il explique certains mots qui ne sont pas connus, certaines phrases qui sont complexes. Le maître agit. Or, dans la division supérieure, c'est à l'élève d'agir. La préparation immédiate est supprimée ou ne subsiste que très courte. La préparation générale, celle qui est le résultat de tout l'enseignement antérieur, doit suffire. Aussi bien, dans la vie, les lectures ne jouissent pas de préparations spéciales. Le but même, le sujet n'est pas énoncé. Le titre, s'il est clair et suggestif, et il doit l'être, éveille par association dans l'imagination et la mémoire les images et les idées favorables à l'aperception du contenu. Et l'élève lit, à voix haute ou basse, mais de par sa propre initiative.

Il lit ; il saisit donc le contenu de pensée enfermé dans les lettres et les mots. Or, jusqu'ici l'enfant était accoutumé à percevoir ce contenu de pensée, ce sens, par l'audition, avant de le retrouver par les yeux sous les signes scripturaux. Pour mettre mieux l'écolier grandissant dans les conditions ordinaires de la lecture, nous supprimons l'intermédiaire ; nous l'amenons à saisir directement le sens par les yeux.

On lit, dans la vie, pour s'instruire, se réconforter, se délasser, par l'intime communion avec l'esprit ou le cœur de l'homme que l'on retrouve sous l'auteur et son texte. Il est donc utile que l'écolier apprenne aussi quelque chose de nouveau par la lecture directe, qu'il s'assimile directement un contenu nouveau de pensée et ne se contente plus d'y retrouver des enseignements assimilés déjà. C'est un axiôme souvent répété en pédagogie, moins souvent appliqué, que tout ce que l'enfant peut faire par lui-même, il faut qu'il le fasse. Le maître ne doit pas le faire pour lui. Lors de ces lectures et de ces explications préalables, l'élève demeure trop passif ; il est assez fort maintenant pour qu'il prenne sur lui d'agir ce qu'il peut agir. Qu'il lise donc immédiatement d'une lecture courante de bon aloi ; qu'il lise un texte inconnu, lui parlant d'objets non encore enseignés, mais qu'il apprend à connaître grâce à cette lecture. Cette leçon, au lieu de venir, comme c'est le cas au cours moyen, après la « leçon de choses » à laquelle elle se rapporte, servira au contraire, dans la division supérieure, d'introduction à une étude nouvelle.

Prétendra-t-on que l'enfant n'a pas les aptitudes suffisantes pour accomplir un labeur qui est déjà de l'âge adulte ? Non, l'enfant ne possède pas encore ces aptitudes ; mais il faut les faire naître et se développer ; elles ne se développent que par l'exercice ; le maître est dans sa classe pour parfaire cette tâche, pour rendre à la vie adultes par l'intelligence les adolescents qui lui sont confiés. Les commencements seront pénibles.

Une période de transition doit être ménagée pendant laquelle l'instituteur fera encore précéder ses leçons de préparations spéciales de plus en plus brèves. Mais, dès la fin de la cinquième année scolaire, qu'il obtienne l'assimilation directe d'un texte facile et clair sans autre préparation que la générale. Les premiers essais seront malhabiles ; les prochains seront plus heureux. Et, au bout de peu de semaines, l'écolier s'habituera à comprendre de lui-même un texte et s'essayera à l'interpréter. Le profit en sera double : l'appropriation d'un contenu de pensée d'abord et l'initiative personnelle provoquée et soutenue. La délivrance de l'élève de la sujétion du maître commence.

La préparation et la lecture régulières du maître tiennent en effet l'écolier dans une préjudiciable dépendance. L'élève paresse ; il lui est plus agréable d'écouter que d'extraire péniblement l'idée de l'enveloppe des signes qui la retiennent. Ni sa capacité d'agir, considérable déjà, n'est utilisée, ni la confiance en sa force, en sa valeur, n'est excitée. Hors de la classe, il ne ressentira pas le désir, le courage de lire, de réfléchir sur sa lecture, de l'utiliser, le maître n'ayant su ni lui en donner le goût, ni lui montrer comment procéder. Et, à nous placer au point de vue purement pratique, n'est-il pas indispensable que l'adolescent apprenne à puiser lui-même à cette source du savoir qu'est le livre ? S'il doit recourir à des aides étrangères, il demeurera toujours en état de servage intellectuel.

Pour qu'une lecture puisse être ainsi directement imposée à l'enfant, il est nécessaire que le morceau lui soit accessible, que les mots lui en soient connus et que le fond puisse être aisément saisi, moyennant un effort d'attention qui n'est pas au-dessus de sa capacité. Comme le plan doit être cherché et trouvé, il doit être facilement discernable. Comme les tâches qu'on impose à l'élève ne doivent point lui paraître d'inutiles exercices de virtuosité, cette leçon de lecture doit pouvoir s'insérer dans la suite des leçons ; ce qu'il tire du chapitre doit être utilisé dans l'enseignement subséquent.

On aurait cependant tort de croire que tous les chapitres à lire au cours supérieur doivent être traités de cette façon. Ce serait une faute grave contre l'éducation du goût que de laisser « lidcher et chappler » par les écoliers une page de haute valeur littéraire, une poésie lyrique, un poème quelconque. La beauté de la forme importe essentiellement dans l'étude de ces extraits, qui seraient bien inutilement introduits dans nos manuels si nos écoliers n'en pouvaient au moins soupçonner et percevoir lointainement quelque chose. Nous en parlerons quand nous exposerons nos idées sur l'art de lire pour jouir. Un bon nombre de chapitres doivent être interprétés, *mutatis mutandis*, selon la méthode usitée au cours moyen, chapitres plus difficiles ou plus délicats, où l'aide du maître est indispensable.

L'interprétation d'un texte.

Jusqu'ici, l'enfant lisait, puis le maître vérifiait par un compte rendu sérieux, plus ou moins développé selon la portée de l'enfant, s'il avait saisi le sens exact. Cet exercice apprenait à l'élève à trouver et à dégager le contenu de la phrase écrite. Nous pouvons maintenant amener l'enfant à réfléchir, à approfondir un texte. Tandis que nos explications se bornaient à en faire entendre ou le sens ou les mots, nous faisons travailler l'écolier sur le texte pour qu'il en tire, lui, le sens et parfois la signification des mots;

le cercle de nos explications s'élargit en interprétations. Nous usons plus souvent des comptes rendus interprétatif et global. Le plan, la liaison des idées, l'analyse logique, la vraie, celle qui porte sur la logique des phrases étudiées au moyen de la logique des idées, font l'objet d'un examen de plus en plus attentif et minutieux.

L'explication s'attache d'abord au fond. Le contenu même du morceau est perçu grâce à une analyse plus serrée, plus détaillée qu'au cours moyen. Nous abordons des chapitres de description, de science, d'histoire, de morale dont la teneur réelle d'instruction, — les idées, — mérite un inventaire méthodique. Les observations des enfants, leurs lectures antérieures, leurs réflexions s'entremêlent à l'interprétation de la pensée de l'auteur. Nous devons aussi prêter une attention plus avertie à la façon dont nos élèves imaginent ce dont parle leur livre, à l'image plus vive, plus riche, plus affinée dont ils s'en représentent les récits, à l'intuition intérieure. L'émotion enfin peut être travaillée, affinée, nuancée plus délicatement que dans la division précédente.

L'explication peut porter sur la forme. On

étudie la manière dont l'auteur s'y est pris pour exprimer un sentiment, pour exposer et développer une idée, quel plan il a adopté, quelle succession des idées secondaires et pourquoi, quels détails il a choisis, qui lui ont paru plus suggestifs parmi la foule de ceux qu'il aurait pu introduire.

On doit insister davantage qu'auparavant sur l'explication de la forme verbale. Le sens des mots et des figures doit être analysé et fixé avec netteté. Interrogez des élèves intelligents et appliqués sur la signification d'expressions même simples et usuelles ; vous serez surpris des piètres résultats obtenus. Sans doute, la leçon de lecture n'est pas une leçon de vocabulaire ; elle peut en être l'occasion. On sait que nous ne voyons pas de bon œil ce mélange de branches qui sont de nature différente. Mais nous sommes bien obligés de vérifier si les enfants comprennent le sens de ce qu'ils lisent. Provoquez leurs questions. Qu'ils demandent à leur maître d'eux-mêmes la signification des vocables dont ils ne saisissent pas clairement le sens. Et s'ils peuvent le découvrir par des analogies, par l'étymologie ou le contexte, qu'ils cherchent. Sinon, jamais ils ne sauront tirer de la lecture tout le profit qu'ils pourraient, parce qu'ils n'ont pas appris à réfléchir sur un texte, à distinguer ce qu'ils savent de ce qu'ils ne savent pas, ce qu'ils comprennent de ce qu'ils ne comprennent pas. Ils accepteront d'emblée les mots vagues et sonores, les formules grandiloquentes des feuilles populaires, sans se demander jamais ce que recouvrent de sens ces pitoyables productions. Il faut dans la mesure du possible délivrer les futurs citoyens de la tyrannie des discoureurs et des journaux. Il faut leur montrer comment un homme sensé arrive à extraire, par la réflexion, un contenu de pensée des mots et des phrases qui l'enveloppent, pour le juger, pour l'admettre ou le rejeter. Le travail de précision du vocabulaire et le commentaire logique des phrases doit se poursuivre inlassablement et sans interruption jusqu'à la fin des classes.

Et ces exercices doivent se muer, de temps en temps, en interprétations qui tirent du texte même l'explication, provoquent l'initiative et la mise en œuvre des connaissances acquises déjà. Plus les écoliers usent de leur savoir personnel et de l'aide du contexte dans l'interprétation et du fond et de la forme, mieux ils en profitent et plus ils se rapprochent des conditions de la lecture dans la vie réelle. Le maître doit de moins en moins s'interposer à mesure que s'accroissent la force intellectuelle des élèves et leur capacité de comprendre. Il est, à vrai dire, bien peu de chapitres qui ne nécessitent point son intervention et tout au moins l'influence de ses questions directrices et suggestives. La part du maître dans la leçon de lecture demeurera toujours considérable.

Il ne faut pas tout vouloir interpréter, et sous tous les points de vue. S'il ne doit rien rester d'obscur et d'incompris dans aucune lecture, cependant chaque morceau peut être étudié sous un aspect, un angle particulier ; ici, le plan ; là, la succession des idées et leur liaison logique ; ailleurs on vérifie le sens d'un certain nombre d'expressions. Chaque leçon doit se fixer un but particulier bien précis et bien accessible. Si la lecture est un exercice ennuyeux et peu fructueux, au cours supérieur, la raison en est qu'on parcourt tous les chapitres d'après le même schéma, avec les mêmes procédés, sans savoir en somme nettement à quel résultat on veut aboutir.

Ce travail d'interprétation, de compénétration du texte, doit être mené avec entrain, mais avec ordre et discipline. L'écolier doit le considérer comme important, y prêter toute son application, toute sa lucidité d'esprit. Un élève intelligent peut, grâce à la direction prudente et graduée du maître, arriver à saisir un contenu, à se l'approprier de par son labeur personnel, à s'initier à la vie des mots, des expressions figurées, à l'art harmonieux des phrases bien construites, à sentir la beauté qui résulte des relations heureuses entre la pensée et le style par la belle ordonnance des idées, de l'élégance, de la clarté et de la sincérité de la forme verbale.

Le travail de l'élève est soutenu par l'interrogation du maître, par la question qui provoque la recherche, en indique le sens, va d'un pas alerte du connu ou de l'immédiatement saisissable à l'inconnu, à la finesse du style, au secret de la composition, à la signification des mots et des phrases. Mais la magie de la forme dite socratique d'enseigner ne doit pas être exagérée. Il est inutile de poser des questions sur des notions que les élèves ignorent ; qu'on les expose sans inutile gaspillage de temps. Si l'enfant n'a pas vu de rouet, s'il ne sait pas comment on file ni comment on tisse la toile, il est parfaitement inepte de lui faire dire ce qui ne s'invente pas. La signification des expressions figurées, des mots dont l'étymologie est connue, des phrases un peu complexes qu'il suffit de débrouiller, peut être obtenue par questions. Mais ne soyons pas dupes de la valeur éducative de l'interrogation, masque souvent d'un infécond bavardage.

Les comptes-rendus.

Les explications, que l'enfant peut donner lui-même, qu'il les propose dans son compte rendu, de sa propre initiative, au lieu de se les laisser arracher par l'interrogation du maître. Il serait excellent en effet que l'élève pût rendre compte de sa lecture avec l'interprétation toute spontanée qu'il croit devoir y ajouter. Le maître se rendrait progressivement inutile, et c'est le plus beau succès que puisse revendiquer son enseignement. Sa leçon directe, son intervention se transforme petit à petit en une direction de plus en plus discrète du travail de plus en plus personnel des écoliers. Une telle spontanéité de l'interprétation d'un texte est possible, vers la fin de la scolarité, à condition d'y accoutumer lentement les élèves.

Et si des points demeurent obscurs, incompris, que l'institueur habitue ses enfants à l'interroger, à lui demander les éclaircissements dont ils ont besoin. Trop souvent ils abandonnent au maître le soin de leur faire comprendre le texte ; ils lui laissent toute la besogne active ; ils attendent passivement que la substance intellectuelle leur soit présentée toute prête à être assimilée sans effort. Cette disposition fâcheuse les habitue à s'engourdir, à accepter placidement, moutonnièrement ce que le maître dit, ce que le livre conte. Ils ne réagissent pas à l'enseignement ; ils désapprennent lentement l'art de lire ; ils demeurent indifférents, inertes, en face de ce qu'ils ne comprennent pas. Ainsi se manifeste, en classe, l'instinct profond de notre paresse native, la peur de la peine et de l'effort, le souci de passer à d'autres ses propres responsabilités.

La lecture réfléchie et voulue est un fruit d'une éducation longuement progressive. Sans doute, les écoliers sont enclins à croire qu'ils ont compris et se contentent vite d'un à peu près. Mais l'instituteur doit précisément combattre cette tendance, les inciter, les obliger à réfléchir, à poser des questions, à éclaircir ce qui paraît obscur. La curiosité intellectuelle des bons élèves est facilement excitée. Les médiocres ne seront que lentement amenés à ce labeur. Qu'ils soient donc conduits peu à peu à présenter spontanément et le compte-rendu de ce qu'ils ont tiré, de par leur travail personnel, de la lecture courante ou muette, et les explications qui leur semblent convenables ; qu'ils interrogent enfin le maître sur ce qui leur échappe.

Un pédagogue allemand, Lüttge, exige même que l'instituteur, dès le cours moyen, ne commence l'interprétation du moindre paragraphe, voire de la moindre phrase, sans demander d'abord : « Tout est-il compris ? Quelqu'un a-t-il besoin de quelque explication ? — Non ? Nous allons voir ! » Les questions qu'il pose démontrent bientôt à l'évidence qu'il reste nombre de points à éclaircir. Ce mode d'agir oblige les enfants étourdis à réfléchir, à saisir le contenu de la lecture, à s'interroger sur ce qu'ils comprennent et sur la façon dont ils comprennent ; il les incite à chercher les difficultés dans un texte, et progressivement à les résoudre. Cherchez, et vous trouverez ! Ces procédés donnent aux enfants le goût de la lecture réfléchie, et c'est un beau résultat. Une telle lecture n'est le fruit ni du hasard, ni d'une vision superficielle des yeux. Elle procède de la volonté qui veut acquérir un savoir, de l'intelligence qui le découvre et l'arrache au texte pour se l'approprier. Chercher à comprendre suppose un « vouloir comprendre », un « vouloir profiter ».

Et si les élèves posent de sottes questions? Au faible, au timide, répondez sérieusement, en quelques mots, ne fut-ce qu'à titre d'encouragement. A l'étourdi, à l'incorrigible bavard sans cervelle, faites apparaître, sans le blesser cependant, l'ineptie de sa question, amenez-le à réfléchir, à se donner à lui-même la juste réponse. Souvent des écoliers plus forts, plus subtils, peuvent fournir à leurs camarades l'éclaircissement demandé. Une question, qui semble inepte à première vue, n'est quelquefois qu'une expression malhabile d'un besoin de l'esprit qui veut être satisfait. Accueillez donc avec un prudent discernement les questions qui vous sont adressées ; répondez-y avec patience, clarté et bonté. Une brusquerie, une ironie surtout, risquent de fermer à jamais les lèvres et le cœur de nos écoliers ; et vous n'atteindrez plus leur intelligence.

Le compte rendu interprétatif oblige l'élève à réfléchir à haute voix. Le maître remarque où une explication est nécessaire, ce qu'il peut faire trouver par des questions, ce qu'il doit ajouter. Si le morceau est soumis à plusieurs lectures successives, on peut demander après la première le compte rendu simple, et le compte-rendu interprétatif après la seconde.

Certains chapitres faciles, qui ne font que reproduire des notions apprises dans des leçons précédentes, histoire, géographie, sciences, peuvent être lus rapidement et suivis simplement d'un compte rendu abrégé. L'enfant s'habitue à une lecture rapide, qui n'est pas nécessairement superficielle, qui saisit au contraire l'essentiel d'une page. Les journaux sont souvent parcourus de cette manière. Il n'est pas inutile que l'écolier soit exercé à saisir ainsi le sens d'un morceau d'un œil habile et prompt, sans insister sur des détails qui ne méritent point un examen approfondi.

Le compte rendu global acquiert, au cours supérieur, une importance considérable. Les élèves doivent être mis à même de savoir dégager, pour se le représenter avec clarté et s'en nourrir, le contenu de pensée d'un texte, et en premier lieu l'essentiel. Il faut les entraîner systématiquement à cette élaboration fructueuse, et sans relâche. On oublie trop souvent cet exercice ; on le conduit trop mollement et sans méthode ; on a tort de le négliger, car c'est un des plus utiles moyens de formation en vue de la lecture privée de l'âge adulte. Il sert à fixer dans la mémoire ce qui, de tout le chapitre, mérite d'être retenu. Il montre excellemment comment on ordonne un plan, comment on organise une composition, art dont les écoliers sont singulièrement dépourvus et qu'ils ont grand besoin d'apprendre.

Au cours moyen, le compte rendu global consistait en une brève répétition du contenu du chapitre, d'après les mots de rappel inscrits au tableau au fur et à mesure des comptes rendus partiels. Dans la division supérieure, on ne l'élabore que lorsque le morceau a été lu complètement, expliqué et assimilé. Comme ce compte rendu n'est que le simple résumé des idées particulières trouvées au cours de la lecture, il est indispensable de prendre connaissance du texte, d'inventorier le sens des phrases et des paragraphes, ce qui fait l'objet du corps de la leçon de lecture. Puis, lorsque notre analyse du contenu du morceau est terminée, on fait trouver et formuler la pensée directrice, dominante, de l'auteur. Le procédé caractéristique du cours supérieur est exactement l'inverse de celui du cours moyen. Au cours moyen, le maître lit le morceau, indique ou fait indiquer l'idée qu'a voulu développer l'auteur, le sentiment qu'il a eu l'intention d'évoquer, afin que les lectures et les comptes rendus partiels se ramènent à l'idée centrale ; et les idées secondaires sont, à la fin de la leçon, résumées encore en fonction de cette idée centrale. Au cours supérieur, les élèves lisent le texte en premier lieu, l'analysent, y cherchent les idées particulières, puis l'idée dominante ; ils peuvent alors établir le plan du morceau. La raison de cette différence consiste précisément en ce que les rôles respectifs du maître et de l'élève se trouvent intervertis. Le maître, qui assumait d'abord l'enseignement actif, qui était l'initiateur, s'est retiré au second plan ; il n'a conservé qu'une direction de plus en plus discrète du travail personnel de l'élève. Et c'est celui-ci qui maintenant travaille le texte avec lequel il est directement en contact. C'est pourquoi le plan du morceau ne peut être établi qu'à la fin de la lecture. On peut adopter pour établir ce plan le très simple schéma que voici :

Idée dominante

1re idée principale :   1re idée secondaire
                                   2e   «   «
                                   3e   «   «
2e idée principale :   1re idée secondaire
                                   2e   «   «
                                   3e   «   «

Conclusion

Le compte rendu interprétatif et le compte rendu global sont des exercices d'une certaine difficulté. Ils exigent de l'attention et de la réflexion. Mais pour réfléchir, et parler sensément, il faut du temps. La volubilité des paroles est un indice de bavardage superficiel. Que nos élèves parlent donc lentement et après avoir réfléchi. Qu'on leur accorde le temps nécessaire pour accomplir leur tâche sérieusement. Il vaut mieux pratiquer ces exercices plus rarement, mais avec une sage lenteur, que de les précipiter à l'issue des leçons. Il faut que les écoliers parlent aussi à haute et intelligible voix. Les uns bredouillent ; d'autres crient ; quelques-uns répondent avec une mollesse mourante. Qu'ils exposent donc ce qu'ils savent dans un parler net, franc, aisé, naturel, bien ordonné et bien articulé.

La causerie sur le contenu acquiert, elle aussi, dans ce cours, une ampleur qu'elle n'avait pas au cours moyen ; c'est encore un exercice caractéristique de la division qui initie à la vie. Nous en avons dit plus haut le but et l'importance. La causerie doit être sérieusement préparée par le maître. Elle ne doit pas dégénérer en un bavardage quelconque, qui s'en va à l'aventure et aboutit on ne sait où. Elle est concrète et vivante. Elle adopte la forme d'une causerie, très libre, très confiante, sans contrainte ni pédanterie ; mais il est bon quand même d'en déterminer le sujet précis, le but et même les étapes qui en marqueront la marche. Les réflexions et les interrogations des élèves sont mises à profit ; mais on prend garde de ne pas déroger sans bon motif au plan que l'on s'est fixé.

Le maître doit savoir, ici surtout, trouver le langage qui touche, les mots qui restent, et évoquer les sentiments forts et sains, sans pathos ni artifice, par la seule puissance des idées.

Il peut terminer par un axiome, un proverbe, dont l'expression vive ou pittoresque fixera dans la mémoire la vérité dont le souvenir doit être durable et fécond. Il indique au besoin des observations à faire, des expériences à tenter, des lectures privées qui parferont l'œuvre de l'enseignement.

La causerie sur le contenu peut porter d'abord sur l'utilisation possible des connaissances acquises par l'élève dans la vie pratique, dans l'industrie et le commerce de la contrée surtout où les enfants vivent. Elle portera sur la façon de mettre en œuvre le savoir nouveau, dans quelles circonstances et avec quel à propos. Nous n'avons de richesse que la vie, a dit quelque part Ruskin. L'école doit apprendre à mettre en valeur cette richesse unique, afin qu'elle ne soit point gaspillée, mais qu'elle produise des fruits salutaires. Or, cette vie se réalisera dans un milieu donné, celui vraisemblablement où l'enfant naît, croît et s'avance vers la virilité, où ses parents ont vécu, où lui-même vivra et mourra ; c'est pour ce milieu et dans ce milieu qu'il faut cultiver la vie adolescente.

C'est pour ce milieu qu'il faut éduquer. C'est à ce milieu qu'il faut rapporter nos conclusions pratiques, morales, sociales et civiques, religieuses. Les leçons, quelles qu'elles soient, doivent toutes tendre, et celles de lecture en premier lieu, à provoquer chez l'enfant une attitude nette, intérieure, et extérieure aussi, — mais l'attitude extérieure n'est que la traduction au dehors de la conviction intérieure, — à l'égard de la nature, de l'homme, à l'égard de ses devoirs individuels et sociaux, à l'égard de sa propre vie.

Plans de leçons.

Les leçons de lecture au cours supérieur se modèlent sur deux types bien différents. L'un réserve à l'initiative, à l'intelligence de l'élève la plus grosse part de la besogne ; le maître indique la tâche à remplir et se borne à en diriger, à en surveiller l'exécution. L'autre laisse au maître le rôle prépondérant ; il reproduit dans ses divers moments le schéma des leçons du cours moyen, avec les modifications que comportent l'âge plus avancé et la force croissante des élèves.

I. *Lecture personnelle des élèves.*

1. Lecture initiale de l'élève à la maison. Le maître a désigné, la veille, le chapitre ou les paragraphes à

lire. Il a donné l'introduction convenable : il a rappelé les notions connues des élèves ; il leur a exposé les détails qu'ils ne savent pas et ne peuvent pas savoir, dont la connaissance est indispensable cependant pour que le morceau soit compris. Il a enfin ajouté quelques avis clairs et nets sur la manière dont les écoliers doivent procéder dans leur tâche, soit : lire d'abord tout le chapitre, ne jamais se cantonner dans un paragraphe sans avoir préalablement pris connaissance de l'ensemble ; puis lire encore une fois et étudier les parties, les paragraphes, qui font l'objet propre de la leçon sous un point de vue particulier que le maître détermine bien : plan, liaison des idées, lecture expressive, compte rendu global, un contenu à approprier, à juger, une appréciation personnelle d'une idée de l'auteur, trouver des applications dans la vie courante et journellement observable, péripéties, sentiments, style, règles du genre (qualités de telle narration, de telle description), et bien d'autres tâches que le maître juge éducatives et convenables. Les élèves lisent le texte et préparent leur tâche ; ils apprennent à user du dictionnaire, à y chercher les mots dont le sens leur échappe.

2. Compte rendu oral, en classe, du contenu du chapitre résumé et des résultats de l'étude spéciale, étude orale et non pas écrite.

3. Explications des termes et des passages plus difficiles ; interrogations posées au maître par les élèves ; demandes d'éclaircissement.

4. Lecture individuelle, puis simultanée, ou *vice-versa* ; les écoliers doivent être suffisamment exercés pour commencer la lecture en chœur. Comptes rendus partiels, simples, interprétatifs, explications et commentaires des élèves de par leur initiative ou sur des questions du maître.

5. Compte rendu global.

6. Causerie sur le contenu.

7. Applications, s'il y a lieu d'en faire.

Le maître doit, dans une pareille leçon, être sûr que nulle difficulté de fond ni de forme ne se rencontre dans le texte qu'un élève appliqué d'intelligence moyenne ne puisse surmonter. Les enfants doivent être entraînés par les exercices accomplis en classe et à la lecture personnelle et aux tâches spéciales qui leur sont imposées.

Second procédé, applicable à des morceaux ni importants, ni difficiles, qu'il suffit de parcourir d'une lecture courante, quoique attentive.

1. Lecture en classe, individuelle ou simultanée.

2. Compte rendu abrégé donné par chaque élève après avoir lu un paragraphe ; explication des difficultés, s'il y en a ; rapide interprétation du texte.

3. Compte rendu global.

4. Causerie sur le contenu, qui peut être plus approfondie. La lecture a pris peu de temps ; on peut donc s'étendre davantage sur cette partie de la leçon.

5. **Applications éventuelles.** La leçon est finie, pour nombre de chapitres, lorsque nous en avons assimilé rapidement le contenu. Il est inepte de vouloir chercher à tout prix des applications qui ne se présentent pas naturellement.

Troisième procédé, excellent pour provoquer la réflexion de l'élève ; le morceau doit être de moyenne difficulté.

1. Lecture silencieuse et immédiate de l'élève, en classe.
2. Explication des difficultés de fond et de forme par le maître, mais sur l'interrogation des élèves. Les enfants ont lu de très près un texte court ; ils demandent l'explication de tout ce qu'ils ne comprennent pas.
3. Lorsque personne ne demande plus rien, lorsque le texte paraît clair à tout le monde, le maître interroge les élèves sur les paragraphes qui sont censés parfaitement compris. Cet exercice est très fructueux, parce qu'il oblige les élèves à lire non seulement des yeux, mais encore avec leur intelligence. Les enfants sont amenés à constater de par leur expérience, un peu cuisante parfois, combien leur lecture est superficielle ; ils croient avoir compris, alors qu'ils ont effleuré légèrement la surface des mots.
4. Lecture individuelle ou simultanée, ou l'une et l'autre.

5. Les exercices ordinaires de compte rendu et d'application.

L'instituteur peut naturellement varier beaucoup ces procédés, dont nous ne présentons que trois exemplaires. Il détermine aussi quelle partie doit être davantage développée, quelle peut être laissée de côté, car il n'est pas nécessaire d'épuiser la série des exercices que nous préconisons. Toute théorie doit être adaptée aux cas concrets avec prudence et discernement.

On ne négligera pas, dans ce cours, la lecture à haute et intelligible voix, ni la lecture en chœur. Il faut lire à haute voix pour exercer et assouplir les organes, pour habituer l'oreille à l'expression exacte et belle de la pensée étrangère, au rythme et à la cadence des phrases. Il faut lire longuement. Les élèves liront une large tranche du morceau, un bon paragraphe, une demi-page environ. Comment intéresser les écoliers, comment les corriger surtout, si on ne leur permet de lire qu'une ligne ou deux ? Qu'ils lisent donc, et leurs défauts de lecture auront le loisir d'apparaître, et leurs camarades auront le loisir de les reprendre. Mais la correction des défauts de lecture ne peut s'opérer que lors de la seconde lecture. Le meilleur lecteur ne peut lire correctement qu'après avoir pris une première fois contact avec le texte. Qu'on recommande aux enfants de lire aussi à haute voix à la maison.

Les élèves lisent le chapitre en entier chez eux ; ils le lisent ensuite en entier, d'une première lecture en classe, du moins généralement. Mais il n'est nullement nécessaire de traiter tout le chapitre à fond, selon les procédés que nous avons indiqués plus haut. On peut se contenter souvent d'étudier sous un point de vue particulier, lors de la seconde lecture, une page, un ou deux paragraphes, qui paraissent convenir spécialement au but particulier qu'on se propose d'atteindre dans la présente leçon.

Il est difficile d'exiger un compte rendu détaillé des morceaux descriptifs et scientifiques. A quoi bon vouloir faire redire ce qu'il est impossible de retenir même après deux ou trois lectures? Que les maîtres essaient eux-mêmes de rendre ce qui leur reste d'une dizaine de lignes lues à haute voix d'un chapitre descriptif du livre de classe. Il est des exercices infiniment plus profitables que ces comptes rendus détaillés dont il ne reste rien qu'une impression d'ennui. L'attention peut se porter utilement sur l'art de décrire ou d'exposer, sur la clarté et la logique de la démonstration, sur l'impression de beauté, de grandeur, dans la description de la nature ou d'une œuvre d'art; les morceaux scientifiques serviront d'initiation à la technique moderne, à l'intelligence des phénomènes naturels ou de la manufacture industrielle. On se bornera donc au compte rendu abrégé du paragraphe lu ou au compte rendu global du chapitre entier, quitte à vérifier par des questions appropriées si les idées ont été réellement comprises.

II. *Lecture expliquée par le maître*

Tous les chapitres ne peuvent pas être lus directement par les élèves. Beaucoup, la plupart même, requièrent encore l'intervention et les explications du maître. La marche à suivre dans une leçon du second type reproduit en somme assez exactement la méthode que nous avons proposée pour le cours moyen. Voici, par exemple, comment traiter un morceau difficile, qui ne peut évidemment pas être abordé d'emblée par l'élève :

1. **Introduction aperceptrice.** Faire en deux ou trois minutes le résumé du chapitre, — qui est vraisemblablement trop long pour être étudié en une seule leçon, — afin que l'élève ait une idée de l'ensemble et y sache rapporter les parties et idées secondaires. Puis donner ou rappeler les détails nécessaires à l'intelligence du texte qui va être lu pendant la présente heure.

2. Lecture par le maître des paragraphes à étudier présentement.

3. Résumé ; idée générale ; explication préalable du texte.

4. Lecture individuelle avec compte rendu simple d'abord ; puis une seconde lecture, avec correction des défauts de prononciation et d'expression ; explications. La troisième lecture comporte un compte rendu plus soigné et la recherche d'un mot de rappel convenable. — Compte rendu global.

5 Lecture simultanée, causerie et applications, si le maître le juge à propos.

Deuxième procédé, pour chapitre court, moins important :

1. Introduction aperceptrice.

2 Lecture individuelle et simultanée, avec compte rendu ; explications au fur et à mesure de la lecture. Le maître n'a pas à lire d'abord les chapitres qui ne présentent aucune difficulté qui peuvent donc être abordés d'emblée par les élèves.

3. Compte rendu global, etc.

La lecture peut se simplifier encore et devenir semblable à la rapide lecture du journal ou d'une page facile et claire.

1. Lecture simultanée ou individuelle, immédiate, sans introduction spéciale (la générale doit suffire), sans comptes rendus partiels, sauf une interrogation ou deux, à la fin des paragraphes, pour vérifier si l'élève suit et comprend.

2. Compte rendu global ; les enfants s'exercent à saisir avec aisance, avec intelligence, l'essentiel d'un morceau, d'une page d'écrivain, à le dégager des développements littéraires et des détails secondaires.

3. Les exercices d'application.

Que les instituteurs sachent donc varier leurs procédés selon la nature et la difficulté des chapitres, selon le développement intellectuel de leurs élèves. Qu'ils graduent leurs leçons et leurs exigences avec tact et perspicacité. Qu'ils ménagent une imperceptible et lente transition entre le cours moyen et le cours supérieur : certains paragraphes ne seront pas lus par lui, mais laissés à la libre assimilation de ses enfants ; les comptes rendus se transformeront insensiblement en interprétations de plus en plus personnelles. Le théoricien ne peut donner que des indications, des schémas. Le maître doit remanier les idées et les conseils qui lui sont suggérés pour les adapter à la réalité complexe et imprévue, à la vie mouvante, jamais et nulle part semblable à elle-même, nouvelle toujours en chacun de ses recommencements.

Qu'il fasse aimer et goûter la lecture ! A quoi bon tant d'explications, tant de comptes rendus, tant d'exercices de tout genre, si, finalement, l'adolescent jette le livre à l'issue des classes avec un sentiment de délivrance ? On juge les leçons à leurs fruits. Le fruit des leçons de lecture, c'est précisément le goût et la pratique assidue de la lecture intelligente, — post-scolaire.

CHAPITRE VI

LIRE POUR JOUIR

Le rôle des textes littéraires à l'école primaire.

Les livres de lecture primaires contiennent des morceaux de deux sortes. Les uns ont un contenu réel : histoire nationale ou religieuse, sciences physiques, naturelles, géographiques, connaissances industrielles ou ménagères. Ces chapitres, tirés parfois d'ouvrages d'écrivains en renom, doivent être d'excellent style sans doute ; mais ils ont la prétention d'apporter à l'écolier un peu de savoir. Les élèves prennent donc connaissance de leur contenu de sciences, d'histoire, de morale, et en donnent un compte rendu. Ces textes ne sont guère utilisés dans les leçons de langue maternelle qu'après que leur objet, leur contenu, a été étudié dans les enseignements réels. C'est l'art d'apprendre à extraire de pareils textes le savoir qu'ils contiennent, à en profiter, que nous avons essayé de décrire jusqu'ici.

Les autres morceaux du livre de lecture sont d'allure et de ton plus exclusivement littéraires ; ils se proposent moins de communiquer une connaissance que d'égayer l'esprit, de toucher le cœur, de provoquer une réaction émotionnelle. C'est à l'interprétation de ces morceaux « littéraires » que songent les pédagogues, quand ils parlent de « lecture expliquée ». Cette dernière expression peut induire en erreur. Il n'y a qu'une lecture à l'école, la lecture attentive et réfléchie, où toutes les facultés de l'élève, sens, imagination, mémoire, intelligence, sentiments, vouloir, sont en activité pour saisir la pensée de l'écrivain et la travailler. Toutes les lectures des classes requièrent plus ou moins les explications du maître. Et les lectures où le commentaire doit être le plus discret, où le texte doit le plus agir par lui-même, sont précisément les lectures dites littéraires.

La lecture expliquée est devenue, dans nos classes secondaires, une branche importante, la plus importante peut-être, de l'enseignement du français. A bon droit, sans doute, car apprendre à parler, à écrire convenablement sa langue est une chose, et une autre chose est comprendre la pensée d'un auteur, la suivre dans son développement, la saisir dans ses nuances, substituer à l'impression confuse l'idée claire qui seule nourrit l'esprit, autorise un jugement sérieux, permet une jouissance véri ble ; et n'est-ce pas la maîtresse tâche de l'enseignement classique? Mais une telle analyse, qui doit nécessairement entrer dans des détails techniques, ne peut être de mise à l'école primaire. Les pédagogues font fausse route, à notre avis, qui transportent, en les transposant, en en abaissant les exigences d'un degré, les procédés des collèges et des lycées aux classes populaires. On n'y peut essayer d'un cours quelconque ni de littérature, ni de critique, ni de technique de l'art d'écrire. On y apprend l'art de vivre ; et c'est pourquoi on tâche de donner aux adolescents qui en franchissent le seuil pour aller vers la vie un cœur généreux, un sens droit et surtout une volonté décidée à ne pas transiger avec le devoir.

Or, la vie a ses jours de fatigue, de souci,

d'amertume, de poignante misère. Contre les découragements et les défaillances, ou pis encore, il est des livres qui soutiennent et décuplent l'énergie, qui imposent en face du destin méchant une attitude résolue à la lutte et à la victoire. Pour faire diversion simplement à la monotonie du métier, au travail lassant de l'atelier, de l'usine ou du bureau, le livre reposant, sain, gai, est le bienvenu.

C'est cette lecture réconfortante, nourricière de l'âme, féconde d'énergie, attrayante, délassante aussi, qu'il faut apprendre à l'école primaire. Cette lecture ne doit point transporter le jeune homme au-dessus du monde matériel et brutal pour l'en sortir et le conduire errer dans un rêve irréel, mais pour l'y faire revenir plus robuste, plus apte à réaliser ses capacités, mieux adapté à ce que Lamartine appelait « le triste et beau métier de vivre ». Son esprit et sa volonté sont devenus capables de résister à l'habitude routinière, à l'emprise de la matière, à l'attirance de la passion. Le ressort est tendu à nouveau.

L'apprentissage de la lecture délassante et réconfortante, voilà le vrai rôle de l'explication prétendue « littéraire » à l'école primaire.

L'intelligence était surtout visée dans la lecture-connaissance. Dans la lecture-jouissance, l'intelligence a sa part sans doute ; mais c'est le cœur et le sentiment qui doivent réagir. L'œuvre d'art provoque une émotion ; elle veut réjouir, toucher, se faire goûter. Et le peuple goûte l'œuvre d'art à sa portée non par une analyse technique de ses beautés, mais directement, intuitivement ; il entre en contact avec elle, se laisse compénétrer et impressionner par les beaux sentiments et les fortes pensées dont une forme parfaite décuple l'influence. Les poésies et les morceaux littéraires sont des œuvres d'art. Il faut donc les traiter en classe comme des œuvres d'art. Or, celles-ci ne se proposent que bien rarement d'instruire ; elles veulent plaire, produire une jouissance émotionnelle, esthétique. Nous ne cherchons pas des données géographiques dans les *Natchez* de Châteaubriand. Le poète confie moins à ses vers les résultats de ses réflexions philosophiques que les intuitions larges et vivantes des grandes vérités éternelles, les mouvements de son cœur qu'une poignante réalité humaine fait tressaillir. Et c'est en sentant avec lui qu'on jouit.

Que l'intelligence doive encore agir et éclairer de sa lumière les plus émouvantes des strophes, il est trop évident. Aussi bien nombre de conseils indiqués dans les chapitres précédents sont encore de mise dans la lecture littéraire. Ce n'est, au reste, que lorsque l'intelligence a perçu quelque vaste pensée, quelque saisissante synthèse de vie, que le cœur s'émeut profondément, que la volonté est entraînée. Les impressions papillotantes ne provoquent qu'une agitation de surface, impuissantes qu'elles sont à imprimer à toute une existence une unité fondamentale que seule peut donner une doctrine vitale convaincante et pleinement acceptée.

La poésie, c'est de l'art ; et l'art, de sa nature, est social. L'écrivain écrit pour être lu, comme le sculpteur façonne sa statue pour qu'elle soit regardée. L'art ne vit pas pour lui-même, mais pour la jouissance du public. L'art agit donc par les impressions qu'il provoque, par les suggestions qu'il exerce, par l'idée que toute œuvre artistique contient et proclame.

L'art est une force. Il pénètre dans la vie des hommes, des adolescents surtout, avec une singulière puissance, soit qu'il les persuade que la passion doit être assouvie, qu'elle est bonne, humaine et resplendissante ; soit qu'elle les convainque que la discipline intérieure est la vraie liberté, que l'homme n'est jamais si pleinement lui-même, si fort et si grand que quand il se soumet à la loi morale et divine. Et c'est son plus beau titre de gloire, quoi qu'en peuvent dire les partisans de l'art pour l'art, d'être un facteur de vie.

Ce facteur, nous ne devons pas le négliger à l'école. Les nobles pensées, les sentiments généreux, tout ce qui élève les enfants au-dessus de la vulgarité et de l'égoïsme, devrait revêtir la forme magnifique de l'art littéraire, de la poésie en particulier. Les beaux vers sont retenus facilement dans la mémoire et sont plus vite remis en conscience que les sèches énumérations des devoirs et des préceptes moraux. Qui sait ? Plus d'un cœur a peut-être résisté à quelque bassesse, à quelque lâcheté, plus d'une volonté a conservé quelque vigueur et quelque noblesse, parce que des strophes généreuses ont chanté autrefois dans ce cœur, ont déposé dans cette volonté, à son insu, des aspirations vers une vie plus haute, ont concentré, il y a des mois, des années, des énergies latentes qui, à tel moment, se sont réveillées, ont contrebalancé les influences malsaines et les mauvaises suggestions.

De l'art, de la poésie pour le peuple ? Et pourquoi pas ? C'est l'une des plus nobles utopies de ce temps que de vouloir créer un art populaire. Il faut communiquer à la foule, dit-on, quelque aptitude à ressentir une sensation esthétique, à goûter le beau. Les artisans, ébénistes, décorateurs, forgerons, verriers, devraient être, eux, capables de produire de belles choses dans l'exercice de leurs différents métiers. Or, notre excuse à croire en cette utopie est que, précisément, il fut des temps où l'art était populaire, grand et pur, où il a ennobli la vie de nos ancêtres, et pendant plusieurs siècles. Les masses ignorantes ne connaissaient, à vrai dire, que le chemin de l'église ; l'école n'était pas encore bâtie ; l'orthographe n'existait pas, non plus que le cinématographe. Le moyen-âge cependant fut non seulement un siècle de croyance, mais un siècle d'art, et d'art démocratique. Les gens de métier fabriquaient d'humbles objets ; mais ils y mettaient tant de leur âme et de leur foi que nous admirons aujourd'hui et collectionnons les moindres des objets usuels sortis de leurs ateliers. C'étaient des tailleurs de pierre qui ciselaient les clochetons et les madones de nos cathédrales, des forgerons qui fabriquaient les armures de nos musées. Les cheminées, les chaises, les lits, les étains, jusqu'à l'humble vaisselle paysanne, tout était revêtu d'une incontestable beauté, d'une beauté simple, rude, mais de bon aloi, infiniment supérieure à la laideur de la camelote contemporaine. Ce qui a été peut redevenir une réalité, si l'on veut bien *replacer le peuple moderne dans les conditions d'esprit et de cœur des âges croyants*. La vie spirituelle inondait ces âmes de foi ; le moindre de leurs travaux avait un sens pour eux, parce que la moindre manifestation de la vie n'était qu'un moyen d'atteindre Dieu et la félicité céleste ; leur pensée, car ils en avaient une, et plus personnelle que la nôtre trop apprise, s'épanouissait supérieurement dans le monde invisible où Dieu, la Vierge, les saints, étaient leurs familiers. Ils avaient une vie intérieure.

L'existence trépidante de notre siècle opprime la vie de pensée et de sentiment, la vie d'âme, de notre pauvre peuple. Elle le tient asservi à d'abrutissantes besognes. Comment mettrait-il de son cœur dans l'objet qu'il fabrique, l'ouvrier moderne enrôlé dans les casernes de l'industrie, abruti par la division du travail qui morcelle en tronçons l'œuvre à faire, qui le condamne à répéter toute son existence la même pièce qu'il exécute à la grosse. La vie de famille non plus n'est guère favorable ni à la vie intérieure, ni à la poésie. Elle est chargée de sombres soucis pécuniaires. La femme est à l'atelier ; elle rentre tard et prépare à la hâte son repas. La voici maintenant occupée à coudre, à repriser, à laver. Le père rentre, brutal parfois, assombri, harassé. Il s'en va souvent le soir au cabaret, ou continue à travailler pour parfaire un salaire insuffisant. Les loisirs sont rares ; on en profite pour reposer le corps par un lourd sommeil. Les promenades sont accablées, sans idée ni sentiment pour les animer. La grosse gaieté saine elle-même fait place au rire énervé des mots à double sens et des spectacles excitants, amers ou lubriques. La vie familiale souffre trop de l'âpre lutte pour la vie, — pour l'argent, — pour permettre à la poésie de franchir le seuil de la maison. La vie de la rue, trépidante et agitée, pleine de passions brutales ou sensuelles, de suggestions malsaines de tout genre, n'est plus qu'un perpétuel danger pour l'enfant. La campagne même se ressent du travail obsédant, de l'âpre gain ; elle ne parle plus au cœur du peuple et de l'enfant que de champs à exploiter, d'engrais, de culture intensive. L'absence, voire l'impossibilité de la vie intérieure, voilà le grand mal dont souffrent les âmes contemporaines. Le matérialisme pratique gagne le peuple après avoir atteint les âmes qui se croient cultivées, et ce n'est pas l'aspect le moins déplorable de la crise morale des temps nouveaux.

On a senti le danger de l'influence desséchante de l'éducation contemporaine. Plus l'opinion courante s'oublie à la simple satisfaction des besoins matériels, plus aussi les pédagogues avisés et les moralistes se sont efforcés de crier gare et de diriger les âmes vers des aspirations supérieures. On a donc demandé une formation esthéthique de l'enfant et aussi la création d'un art démocratique. On a fait exécuter pour la démocratie des tableaux, des statues et des livres qui reproduisent fidèlement la vulgarité ambiante, sous prétexte qu'il faut parler au peuple de sa vie, de ce qu'il voit, pense et agit. Qu'il lève ses yeux fatigués sur les murs des maisons du peuple ou qu'il les laisse errer dans les livres écrits pour lui, le travailleur ne trouve que des reproductions des scènes quotidiennes dont il est excédé. L'art moderne ne lui apparaît trop souvent que sous la forme de la souffrance et de l'abrutissement. Les manuels classiques ont suivi la mode. Ils veulent parler à l'enfant du peuple du pain, du travail, des machines, des métiers. Mais lui voudrait autre chose ; son esprit et ses yeux aspirent à d'autres visions, plus reposantes, plus « élevantes » ; oui, il veut s'élever au-dessus des vulgarités, de l'âpre travail, des souffrances, de la mort, qu'il rencontre à chaque pas autour de lui ; il veut en connaître le pourquoi et en trouver le remède. Il veut échapper à ce monde qu'il voit mauvais, brutal, égoïste. Qui donc lui ouvrira le monde des seules consolantes Vérités ? Où donc se rencontrera la poésie que le peuple désire et peut goûter, sinon à l'Eglise et... à l'Ecole. Il faut donc lui ouvrir bien larges les portes de l'Eglise et de l'Ecole, et les ouvrir aussi à la poésie et à l'art qui revêtent les Vérités éternelles de formes dignes d'elles, attirantes et convainquantes.

Félix Pécaut remarque quelque part que la poésie est d'autant plus nécessaire à l'Ecole que l'Eglise a perdu de son empire sur la foule. L'enfant n'est convaincu que par une grande pensée revêtue d'une forme capable de saisir ses sens, son imagination et son cœur en même temps que sa pensée. L'Eglise gardera le peuple, malgré Félix Pécaut ; et l'Ecole ne formera l'âme et le cœur du peuple qu'en s'alliant à l'Eglise. N'est-ce pas la tâche de l'Ecole aussi bien que de l'Eglise de montrer le ciel à l'enfant et de le préparer à sa destinée ? Sinon, celle-là a failli à son devoir qui est de mettre l'écolier à même d'atteindre le but de toute vie. Elle doit donc, comme celle-ci, l'élever au-dessus des préoccupations journalières et matérielles, l'élever au-dessus de lui-même, lui ouvrir des échappées vers le Beau et le Bien, vers Dieu, exciter en lui les plus hautes aspirations que lui permet l'espérance chrétienne. Les émotions fortement senties lui sont d'utiles auxiliaires pour en poursuivre, sa vie durant, la réalisation. Les exemples des héros et des saints, bien présentés, sont gros de féconds enthousiasmes. Toute âme, celle de l'adolescent surtout, a besoin de se retremper de temps en temps dans une atmosphère réconfortante de dévouement, de sacrifices, d'abnégation, de domination de soi, de virginal amour et d'idéal. Or, que lui offrent les journaux et les brochures des kiosques, les romans à 65 ou à 90 centimes ? N'est-ce pas une indigne profanation de l'énergie humaine que cette excitation à la brutalité, au mensonge, au crime, dont ces pages infectes sont remplies ? Il faut donc apprendre aux jeunes hommes à goûter, à rechercher des lectures qui soient d'abondantes, d'intarissables sources de vie. L'histoire nationale, les doctrines religieuses, l'espoir et la confiance en la vie, doivent inspirer en premier lieu les livres juvéniles. Sans doute, ces lectures peuvent être oubliées dans la suite. Il en restera toujours quelque chose.

Les enfants ne saisiront pas les artifices techniques d'un morceau littéraire. Qu'importe qu'ils ne sachent étiqueter et classer les qualités d'une ode selon les recettes de la rhétorique, s'ils réagissent à l'impression qu'elle produit ? Ils la comprendront par l'idée qu'elle incarne et propage.

Le choix des morceaux littéraires.

L'œuvre d'art qui doit être interprétée dans une classe primaire doit donc avoir un contenu de pensées, de nobles et fortes pensées. Les poésies dont la technique seule est intéressante et curieuse n'appartiennent pas à l'école primaire. Ni le peuple, ni l'enfant ne sont captivés par la forme pure ; ils ne la comprennent qu'au travers de l'idée. Nous avons assigné à l'œuvre d'art que la classe doit étudier une fonction éducative, celle d'élever les âmes et les cœurs, de réveiller en nos enfants le meilleur d'eux-mêmes. L'enfant et le peuple se laissent plus qu'on le pense émotionner et impressionner par l'œuvre d'art, à condition que cette œuvre soit parlante, lui « dise » quelque chose. Du morceau quel qu'il soit doit jaillir un enseignement clair et fécond. Nous n'avons l'intention ni d'élaborer une liste des sujets « littéraires » qui se doivent rencontrer dans un livre de lecture primaire, ni d'épuiser la question de la lecture juvénile et populaire, mais d'énoncer quelques simples remarques sur le contenu « littéraire » des classiques à l'usage des enfants de neuf à quinze ans.

Persuadons-nous d'abord que nos écoliers sont beaucoup moins attirés qu'on ne le pense par ces historiettes gentilles, mais banales, à religiosité incolore, à courte et mince morale, par les leçons d'hygiène et de politesse, qui encombrent nos manuels et nos bibliothèques scolaires. Ces menus préceptes, ces maigres vertus, que ne sanctionne et ne justifie aucune idée supérieure à la bienséance et à l'utilité sociale, sont parfaitement inefficaces. Le temps qu'on perd à les commenter me paraît perdu, fussent-ils sortis de la plume d'un académicien.

Gâverons-nous nos élèves de ces lectures qu'on désigne du nom de populaires, mais qui ne le sont nullement, parce que le peuple en a horreur ? Comment liront-ils jamais une œuvre forte et savoureuse s'ils n'ont appris à lire, en classe, que de ces prêches fadasses, qui n'ont d'honnête que l'intention d'un moralisateur aussi indigent de pensée que de style. Ces aventures édifiantes, ces histoires de buveurs convertis, de coquettes corrigées, de ménagères accomplies, laissent trop apparaître leur but prêchard entre toutes leurs lignes. Plus d'un lecteur, excédé par cette littérature agaçante, se jette par réaction sur des œuvres dangereusement pimentées. Et quel commentaire de ces pages niaises pourra jamais amener l'élève à réfléchir, à sentir, à goûter ?

Les enfants s'intéressent moins qu'on ne le croit aussi aux histoires d'enfants, dont les livres sont pleins cependant, sous prétexte que rien ne devrait leur être mieux connu et leur mieux plaire qu'eux-mêmes. Erreur ! Les jolis vers

> Ils ont de graves tête à tête
> Avec le chien de la maison.

de Sully-Prudhomme ne leur disent rien, parce qu'ils ignorent cette gravité ; les bêtes du bon La Fontaine font bien mieux leur affaire. Ce qui nous ravit en eux leur demeure ignoré. S'ils goûtaient au reste la poésie de l'enfance, s'ils en avaient conscience, ils ne seraient plus que de détestables cabotins.

Puis, ils sont destinés à devenir des hommes et ils aspirent à le devenir. Leurs héros favoris sont des adultes qui ont su être forts et braves, qui n'ont pas eu peur, qui ont accompli hautement leur tâche d'homme. Dans leurs rêves et leurs jeux, ils s'imaginent être ces hommes ; c'est sur les hommes faits qu'ils se modèlent, jusque dans les défauts et les vices. Ces indications nous sont précieuses. N'ayons pas peur de présenter à nos adolescents des pages viriles, puisqu'ils aspirent si ardemment à devenir des hommes, à devenir même « mieux hommes » que les hommes qui les entourent.

Comme l'a finement noté J.-J. Rousseau, « les forces de l'enfant se développent bien plus rapidement que ses besoins... ; il a de la force au delà de ce qu'il lui faut. » C'est un trop-plein de vie en lui qui déborde et qu'il doit déverser dans l'action. Il se sent vivre ; il sent ses capacités augmenter de jour en jour ; il sent l'avenir lui appartenir ; il est pressé d'en jouir. « Quelle ardeur, quelle impatience, quelle impétuosité de désirs, s'écrie Bossuet des adolescents. Cette force, cette vigueur, ce sang chaud et bouillant, semblable à un vin fumeux, ne leur permet rien de rassis ni de modéré ». Comme l'ordre établi, les autorités, les disciplines, paraissent se dresser en obstacle à leur besoin d'agir, de prendre possession de la vie, ils se révoltent et se cabrent. Ce dont ils ont besoin, c'est un emploi à l'énergie qu'ils ont de trop. Il faut, puisqu'ils sont avides de liberté, leur permettre de conquérir la liberté vraie, la domination de soi, la soumission voulue à des règles acceptées par eux, à une fin qu'ils se sont imposée. Ce qu'il leur faut, c'est un idéal de vie qui les prenne tout entiers, corps et âme, à la réalisation duquel ils consacrent généreusement cet excès de vie qu'ils sentent bouillonner en eux.

Ils veulent vivre, mais mieux que leurs devanciers. Ils constatent vite que la réalité mesquine, parfois vile, qui les entoure, est bien inférieure à leurs aspirations. Ce contre quoi ils se révoltent c'est bien plutôt contre l'arbitraire et la routine des contraintes injustifiées que contre une discipline dont ils comprennent la valeur de vie et la beauté. Qu'on les soulève au-dessus de la besogne servile, qu'on leur montre un idéal à atteindre. Ces révoltés se plient, et d'eux-mêmes, à la règle dure, avec d'autant plus d'ardeur, semble-t-il, qu'elle est plus dure, plus extraordinaire, plus héroïque. Tous les psychologues ont noté le culte des adolescents pour les héros. C'est qu'ils voudraient que l'avenir entrevu soit meilleur, plus noble, plus généreux que le présent, et ils le peuplent de ce que l'humanité a produit de meilleur. Ils rêvent d'un avenir non point bassement utilitaire, mais plein d'art, de vaillance, de vertu. Cette défiance des grandes idées, des actes valeureux et virils, que manifestent nos livres trop enfantins, est à rebours de tout ce que nous apprennent les études modernes sur le caractère des adolescents.

Notre personnalité enveloppe ce que nous avons été, ce que nous sommes, et aussi ce que nous voudrions être, ce que nous nous proposons d'être, donc notre idéal. L'idéal est une forme de nous-mêmes que nous projetons dans l'avenir. Dans le jeune homme, qui n'a pas été, qui est à peine, la personnalité comprend surtout ce qu'il voudrait et se propose d'être. Elle est faite d'espérances et d'aspirations. Ne brisons pas, ne diminuons pas cette personnalité en devenir, mais aidons-la, c'est notre tâche d'éducateurs, à réaliser ces capacités et ces puissances.

Les enfants vivent dans le mystère, les adolescents vivent dans l'idéal. Les uns et les autres comprennent mieux que l'adulte peut-être, parce qu'elles leur sont comme plus « naturelles », les notions de sacrifice, de mérite et de démérite, de Rédemption, de Providence, de Création et de Créateur, d'immortalité. Ces idées, les plus profondes du christianisme, sont en évidente harmonie avec les aspirations de cet âge. « La générosité, écrit à propos de livres de classe précisément René Bazin, l'auteur de la *Douce France*, est une vertu de la jeunesse, et qui meurt avec elle, si on ne l'a pas développée, fortifiée par la raison, par l'exemple et par la foi. Je crois qu'elle était cultivée admirablement dans les siècles où la pédagogie ne comptait pas parmi les sciences et se bornait d'être un art et un instinct. La méditation de la vie du Christ, la lecture de la vie des saints ont valu au monde les dévouements les plus extraordinaires et presque toute la force morale et toute la pureté dont il fut témoin. Or cette méditation et ces lectures étaient faites en famille et l'enfant apprenait jusque dans la plus pauvre maison, tout le sublime dont il est aujourd'hui si souvent démuni ». Ces remarques sont justes ; la pédagogie attentive des faits les confirme pleinement. Aussi bien, puisque dans les maisons riches comme dans les pauvres on a désappris à lire ces livres et de pareils, que l'école y supplée.

Le remède à la pauvreté, à la malfaisance de la littérature juvénile? écrit Philippe Godet en réponse à l'enquête du *Signal*, de Genève, « je ne puis l'espérer que d'une révolution morale profonde. Il faudrait pour cela un réveil de conscience. Mais peut-on l'attendre du christianisme désossé qui est à la mode aujourd'hui ; qui, avide de se moderniser pour plaire à tout le monde, n'ose plus parler du mal comme d'une réalité et du châtiment comme d'une certitude ; qui affaiblit le sentiment de la responsabilité individuelle par de lâches concessions aux théories courantes d'hérédité et de déterminisme ; qui ne prononce le mot *dogme* qu'avec horreur et n'a à la bouche que les mots *de vie*, *d'action*, mais qui, en esquivant toute affirmation nette et précise de croyance, finit par supprimer l'essence propre de l'Evangile et tarit les sources mêmes de *l'action* et de *la vie*. C'est la conscience morale qui fléchit et qu'il faudrait raffermir ». L'homme de lettre protestant s'adjoint à l'écrivain catholique pour déplorer la neutralité des lectures de jeunesse qui se traduit pratiquement par une nullité malfaisante. N'ayons donc pour ni des idées nobles et fortes, ni des convictions nettes.

L'histoire nationale doit obtenir sa large part des chapitres littéraires du classique primaire. La diffusion des connaissances historiques sera un antidote efficace pour combattre les infiltrations d'un internationalisme utopique et désastreux. Il faut que l'enfant s'enracine dans le sol qui l'a vu naître. Il doit s'appuyer, pour faire œuvre solide et féconde, sur tout le passé, sur toute la tradition patriotique. Si les morceaux littéraires du manuel doivent d'abord être des facteurs de dévouement et de sacrifice, de chrétienne solidarité, quelles meilleures et plus suggestives pages pourrions-nous choisir que celles qui décrivent ce que furent les meilleurs des nôtres, ceux dont nous avons plus particulièrement à cœur d'être les fils. Ajouterons-nous que, sans verser dans un exclusivisme étroit, nous approuvons pleinement la tendance de nos livres suisses romands de parler aux écoliers de la région, du canton auquel ils appartiennent, du milieu aux frontières prochaines où ils sont nés, où leurs pères sont morts. Les livres, comme l'enseignement primaire entier, doivent conserver leur caractère régional, parce que la région est le lieu matériel d'où se tirent toutes les intuitions de l'élève, où se concentrent tous ses intérêts, vulgaires ou élevés, présents et futurs, de la terre qu'il ouvrira aux semailles au ciel qui s'ouvre à sa prière.

La religion et la patrie, et les grands sentiments éternels qui ont le don de remuer toujours jusqu'en son fond l'âme humaine, les grandes vérités communes, aussi nécessaires que le pain quotidien, et dont l'humanité vit plus que de pain, les convictions et les habitudes qui constituent le meilleur, l'essentiel, la « substantifique moelle » de notre vie morale, n'est-ce pas ce dont nous devons compénétrer l'âme de nos écoliers, dont nos livres doivent par conséquent être pénétrés aussi ?

De telles idées ne sont efficaces que si elles sont exprimées avec force et beauté. Les livres capables d'inspirer une vie meilleure sont seuls les grands et beaux livres. L'enfant et le peuple sont parfaitement capables de les admirer et de se laisser « faire » par eux, s'ils lui sont intelligibles, si l'école ne manque pas à sa tâche dans la formation du cœur, de l'intelligence et du goût. Les simples et les petits du Moyen Age, qui ne savaient pas lire, comme la mère de Villon, apprenaient leur catéchisme sur les verrières des cathédrales, dans les symboles religieux dont les artistes d'alors couvraient les murailles.

> Femme je suis, pauvrette et ancienne,
> Qui rien ne sais, oncques lettres ne lus ;
> Au moustier vois, dont je suis paroissienne,
> Paradis peints où sont harpes et luths
> Et un enfer où damnés sont boullus
> L'un me fait peur, l'autre joie et liesse.
> . . . . , . . .

Maintenant que les pauvres savent lire, n'est-ce pas dans les livres, qui sont aussi des œuvres d'art, qu'ils apprendront leur surnaturelle destinée et l'explication des misères, des souffrances, des injustices d'ici-bas, comme aussi leurs raisons de vivre et la façon dont il faut vivre pour remplir leur tâche humaine et chrétienne.

Les anciens écrivains religieux insistaient sur le parallélisme de la laideur et du mal ; ils inspiraient volontiers l'horreur de la faute en tant que laide. Ils n'avaient pas tort. Le Beau seul est digne d'exprimer le Vrai ! Le peuple ne saisit la beauté de la forme, littéraire autant que picturale ou plastique, qu'après avoir saisi l'idée. Il faut donc l'initier à l'intelligence de l'idée avant de lui faire goûter la beauté de l'expression. Pour lui, comme pour Platon, le Beau n'est que la splendeur du Vrai.

Les recueils mis entre les mains de nos enfants ne contiendront-ils que les pages les plus sublimes de nos seuls grands écrivains? Non. Les récits pittoresques, émus ou souriants, les jolies anecdotes, les poésies gentiment badines y doivent trouver place. La littérature rigide et réfrigérante est peu propre à donner à l'écolier le goût de la saine lecture et à l'y initier. L'enfant se détourne de tout ce qui est triste ; il veut des visages gais et des livres gais. Au nom de quels principes pédagogiques les livres pédagogiques devraient-ils être rébarbatifs et tristes?

Mais, d'autre part, ne craignons pas de nous adresser aussi aux maîtres de la prose et du vers, qui ont exprimé des idées fortes dans une langue d'une absolue perfection. Les grands classiques en particulier peuvent nous fournir quelques pages qui, moyennant une courte introduction, peuvent être comprises aisément de nos élèves du cours supérieur. On a fait remarquer avec raison qu'ils étaient grands non parce qu'ils étaient compliqués et savants, mais parce qu'ils ont exprimé simplement, clairement, les idées universelles,

les sentiments généraux, les lieux communs. Leur grandeur et la raison de leur survivance doivent être cherchées dans le fait qu'ils ont tiré leurs sujets de ce qui, dans tous les temps et tous les lieux, a fait battre le cœur humain, de ce qui, tant qu'il y aura des hommes, préoccupera les esprits. Il me paraît cependant que, dans les pays de langue française, la lecture des classiques est moins pratiquée à l'école primaire que dans les pays allemands. On lit en effet, en Allemagne, un nombre considérable de poésies et d'extraits des grands écrivains. Schiller en particulier est très populaire. Les bibliothèques familiales de petits commerçants, d'ouvriers, contiennent souvent quelques-unes de ses œuvres ; toutes les *Kindermädchen* qui s'expatrient en emportent un exemplaire dans leurs bagages. Nous avons nous-même, au cours d'une excursion, entendu un brave marchand de drap, dont les cheveux commençaient à grisonner, réciter spontanément en face d'un paysage alpestre un hymne de Klopstock qui glorifiait Dieu de la beauté des choses. Il l'avait appris autrefois, moins pour la valeur de la forme que pour celle des pensées dont il voulait nourrir son âme.

Mais il est incontestable que les écrivains contemporains parlent une langue que nous comprenons mieux, parce que plus proche de nous, parce qu'ils parlent des questions qui nous préoccupent avec les mots dont nous nous servons. Au risque de scandaliser plusieurs, je pense que ce sont eux qui doivent fournir la plus grosse part des morceaux littéraires du manuel primaire.

Pour être accessibles à nos écoliers et goûtés, les morceaux littéraires doivent remplir quelques autres conditions, d'ordre matériel. Les poésies seront d'un rythme bien marqué; les enfants sont plus sensibles à la cadence qu'à l'élégance et à l'harmonie des vers. Le vocabulaire ne contiendra pas trop de termes inconnus, de tournures compliquées, de figures subtiles, d'artifices de style. Si nous sommes obligés d'employer la majeure partie du temps à une exégèse ennuyeuse, qu'en restera-t-il pour la lecture et que deviendra la jouissance ? Les images seront claires et la comparaison qu'elles contiennent implicitement sera directement saisissable, autant que possible. Les élèves ne s'intéressent qu'à des descriptions précises, capables d'évo-

quer des visions pittoresques ; i 'ent mal
à l'aise en présence de tableaux flot   de situations inconsistantes. Nous prosc   s aussi
l'analyse de sentiments trop ténus, d émotions
rares et raffinées. La poésie française est volontiers psychologique et intérieure ; de ce chef,
bien des morceaux doivent être exclus des classiques destinés à l'enfant. Celui-ci prend plaisir
surtout à la représentation d'une action ; les
aventures héroïques et légendaires, les poésies
épiques, les combats et les chants guerriers, les
voyages, les situations comiques et les pièces
humoristiques aussi, les récits qui ne supposent
pas trop de connaissances historiques, scientifiques ou littéraires, ou dont les connaissances
supposées connues le sont réellement de lui, les
contes dont les personnages lui sont familiers,
voilà les morceaux qu'il éprouve du plaisir à lire.
Les fables de La Fontaine, avec leur action
simple et vivante, avec leurs animaux familiers,
ces fables qu'on peut lire et relire sans en
épuiser l'intérêt, voilà bien les incomparables
modèles des textes pour l'âge enfantin.

Mais, dès l'éveil de l'adolescence, en peut
aborder les morceaux où sont dépeints les.

grands et nobles sentiments humains ; l'écolier commence à se retourner sur lui-même, à s'analyser. Ses capacités affectives réclament un aliment ; et si l'école ne le lui donne pas, sain et substantiel, l'adolescent l'ira chercher ailleurs.

Belle prose, belle poésie surtout, ne ménageons pas dans nos leçons les lectures littéraires, pourvu qu'elles restent toujours intelligibles à nos écoliers, qu'elles puissent être entendues et goûtées d'eux tous. Une telle poésie, remarque avec beaucoup de sens Félix Pécaut, « c'est une poésie qui soit esprit et non musique, c'est-à-dire sensation ; qui soit simple, largement humaine, et non pas raffinée, aristocratique, érudite ; qui soit virile et non pas efféminée, raison et non caprice ; qui nous porte à l'action et non pas au sommeil ; qui s'exprime en une bonne et forte langue ; bref, une poésie qui apporte à notre jeune peuple la santé au lieu du rêve morbide ». Le livre de l'élève doit contenir un nombre suffisant et varié de pareils textes, afin que le maître en ait un choix à sa disposition et puisse commenter ceux qu'il croit convenir mieux à ses enfants. Les morceaux littéraires, au reste, sont lus plus rapidement que les autres, d'ordre réel, parce qu'ici l'explication doit être plus discrète et moins étendue.

L'explication des textes littéraires.

Un double but a été assigné à la lecture des textes littéraires à l'école primaire, l'un, d'ordre esthétique, produire une jouissance d'art et de beauté ; l'autre, d'ordre pédagogique, amener progressivement l'élève à comprendre une belle page littéraire, à en jouir. S'il ne s'agissait que d'exciter une émotion, il suffirait de lire très bien une page très belle, ce qui est encore la plus efficace manière de toucher le cœur et d'en faire vibrer les fibres les plus intimes. Cette impression de beauté, nous la devons produire aussi, dans l'interprétation surtout des morceaux qui traduisent les sentiments les plus hautement humains. Mais les pédagogues ne s'en contentent pas, et avec raison. La leçon de lecture littéraire a un but d'enseignement et non pas seulement de jouissance ; l'élève doit apprendre à jouir de sa lecture, si bien que, quand il se trouvera, adulte, en présence d'une œuvre belle, il la sache goûter. Il est du devoir de l'école de lui apprendre à jouir de bonnes, de saines, de belles lectures. Cet art s'apprend, comme tous les autres, par l'effort personnel et le travail, et non pas simplement par le simple ébranlement d'une superficielle émotivité ; il veut être exercé. Cet art, l'écolier doit le posséder au sortir de la classe. De l'habitude de jouir passivement, sans une réaction vive, sans une emprise personnelle sur le texte, il ne peut résulter qu'une paresse intellectuelle qui est plutôt un obstacle à l'intelligence de la beauté littéraire et à la formation du goût. Le texte demande donc à être interprété dans une commune et mutuelle élaboration du maître et des élèves.

Mais cette interprétation ne peut avoir pour but d'initier les petits primaires aux préceptes des rhétoriques, aux règles des genres, à la technique de l'art d'écrire ; elle ne peut imiter, en les simplifiant, les explications françaises des classes secondaires. L'enfant, comme le peuple, ne comprend la beauté artistique qu'au travers de l'idée, du contenu. C'est par son sujet qu'une peinture, qu'un groupe sculptural l'émotionne. Il sait fort bien remarquer et sentir alors l'adaptation parfaite de la forme à l'idée, parce qu'il constate que cette forme est admirablement expressive, qu'elle donne à l'idée un relief saisissant. C'est donc au contact du contenu qu'il tressaille et s'émeut.

Mis en présence d'une page littéraire, les enfants la peuvent donc goûter, mais dans et par le sujet qu'elle expose. Notre première tâche consiste par conséquent à découvrir le sens général du morceau. Tout auteur écrit pour dire quelque chose. Qu'est-ce que l'auteur a donc tenu à nous montrer ? Quelle idée a-t-il voulu nous inculquer ? Quelle situation a-t-il décrite ? Quel sentiment a-t-il voulu éveiller en nous ? Une fois terminée la présentation du morceau par le maître, c'est l'idée essentielle, le sens général que celui-ci s'efforcera d'abord de faire découvrir et formuler. Dans la *Maison maudite* de Bataille (Mironneau, cours moyen, 1ʳᵉ année, p. 195), l'auteur a voulu nous convaincre que l'homme qui s'abandonne à ses passions sème le malheur autour de lui. Dans le *Morceau de pain* de Feuillet (Vaud, deg. interm., p. 195), c'est un sentiment de pitié et de charité qu'il veut exciter. Un *Drame en Suisse* de Veuillot (Fribourg, deg. sup., p. 105) narre le plaisant embarras d'un aubergiste qui a trois chiens pour qui payer l'impôt et qui, ne pouvant se résoudre à le payer pour trois, ne sait lesquels il doit tuer. La leçon de plus d'un morceau, des fables et des apologues en particulier, est parfois expressément définie, celle du *Petit Poisson et du Pêcheur*, par exemple,

> Un tiens vaut mieux que deux tu l'auras :
> L'un est sûr et l'autre ne l'est pas.

Il suffit d'expliquer cette sentence pour connaître l'intention de l'auteur.

Comment l'auteur a-t-il développé cette pensée ? C'est le plan qu'il faut maintenant chercher ou plutôt la suite des idées et la succession des scènes ; ce sont les trois ou quatre pensées qui résument les trois ou quatre parties du développement. L'histoire du Carpeau de la Fontaine contient trois parties : 1° la capture du carpeau ; 2° son discours au pêcheur ; 3° la réplique de celui-ci. Les points sont notés au tableau par des phrases ou des mots de rappel.

Descendons maintenant dans les détails de chacun de ces points. Les réflexions du pêcheur sur sa mince capture nous le montrent jovial et gourmand, ne désespérant point, malgré ses maigres débuts, d'une meilleure fortune. Les mots : *tout fait nombre, butin, commencement de chère et de festin* sont commentés en fonction de l'état d'esprit de notre amateur de poisson. Et sont étudiés de même en fonction du sens les deux ou trois arguments du carpillon, l'habileté persuasive de leur succession et leur enchaînement, son langage aussi : Pourquoi *demi-bouchée* ? Pourquoi parler de pêche future et de gros *partisan* ? Toute une psychologie qui ne manque pas de finesse peut être dégagée de cet appel à l'intérêt qui, conduite avec quelque verve, ne laissera pas de mettre les enfants en joie, tout en leur ouvrant l'esprit à la merveilleuse appropriation de la forme au sujet traité.

Les mots peuvent être expliqués, sans doute, comme dans les leçons dont nous avons précédemment décrit la marche, par l'intuition, par des exemples concrets, comme aussi par l'étymologie, la synonymie, l'analogie ou l'opposition. Mais il vaut mieux partir du texte et du sens, comme aussi rapporter au texte et au sens tous les commentaires. Les mots ne doivent point être expliqués à part de la phrase qui les renferme, ni du sens complet qu'ils expriment collectivement.

Tout vous semble aquilon, tout me semble zéphir, dit le Chêne au Roseau. Il ne suffirait pas de définir *aquilon* et *zéphir* ; on doit faire ressortir l'idée, la signification totale : Le moindre vent secoue violemment le roseau ; les ouragans agitent à peine le feuillage du chêne ; et les rapports de ce vers avec la pensée générale du discours du Chêne sont mis évidence. Quelle est la signification et la portée de cette comparaison dans ce discours ?

Chaque partie commentée, on revient au tout, à l'ensemble. On examine comment ces parties s'enchaînent et se commandent ; comment elles produisent l'impression finale, amènent la conclusion. Dans notre fable du *Carpillon*, les vers initiaux doivent être ramenés à la conclusion dont ils sont comme un développement anticipé. Quelle valeur a cette conclusion ? Devons-nous l'accepter telle quelle ? N'est-il pas des promesses que l'on peut croire, des espoirs qui sont fondés ? Ce que nous avons appelé la causerie sur le contenu peut très bien être pratiqué ici, à la fin des morceaux didactiques en particulier.

Voilà toute l'étude de la forme que peut se permettre l'interprétation d'un morceau littéraire à l'école primaire. Pas de termes techniques, de grâce, intrigues, nœuds, dénouement, et les qualités littéraires et les barbares dénominations des figures de pensée ou de style? L'analyse intelligente et délicate du sens perçu dans ses nuances et ses détours au travers d'une forme souple et claire fera sentir mieux que toutes les exclamations laudatives ou les vocables pédantesques la parfaite et adéquate adaptation des mots à l'idée, de la forme au sens. Les écoliers ne laisseront pas de remarquer, par l'expérience du plaisir qu'ils éprouvent à les compénétrer, la vivacité des tournures, l'éclat des images, l'exactitude des descriptions, le pittoresque du récit, la sonorité des vers et leur rythme. Le maître peut assurément attirer leur attention sur ces qualités ; il perdrait son temps à vouloir leur donner la raison des beautés littéraires qu'ils rencontrent et entendent directement ; que leur servirait-il au reste, sinon des clichés de rhétorique qu'ils sont inaptes à comprendre.

Qu'on s'abstienne surtout de vouloir tout expliquer par le menu, toute phrase complexe, toute figure, toute licence. On peut se fier, pour bien des mots, au flair, à l'instinct de divination de l'enfant. Il en saisit, aussi bien que nous souvent, la signification, quoiqu'il ne puisse la définir ; les exégèses qui ne laissent rien passer profanent la poésie la plus aérienne, dont le demi-mystère est un charme de plus ; elles ont pour jamais clos bien des chefs-d'œuvre dont elles ont terni de leurs gloses insipides la svelte et délicate beauté. Or le but des leçons littéraires n'est-il pas précisément d'inviter les écoliers à revenir au livre, à y chercher des jouissances nouvelles et de nouvelles énergies ? Et si quelque terme demeure imprécis, la belle affaire ! Certaines formules ne peuvent être expliquées parce qu'il faut pour les comprendre une expérience ou une finesse, une culture classique, que les petits primaires ne possèdent pas. Mais la poésie est perçue dans son ensemble ; il suffit. Car si la lecture littéraire ne peut se contenter d'éveiller un obscur sentiment, si elle s'adresse à l'intelligence d'abord et doit subir une analyse, une élaboration réfléchie et méthodique, les facultés affectives réclament leur part aussi qu'on ne peut leur refuser impunément ; le commentaire a pour but non pas seulement d'ouvrir l'esprit, mais aussi le cœur et le goût.

Les manuels allemands contiennent un très grand nombre de morceaux littéraires appartenant aux genres les plus divers, contes, légendes religieuses ou historiques, ballades, élégies, fables, allégories et paraboles, poèmes épiques et lyriques, voire des proverbes et des énigmes en vers ; les pédagogues prodiguent conseils et préceptes pour l'explication de chacun de ces genres. Il n'est pas possible, ni désirable d'établir pour chacun d'eux des règles fixes et des normes rigides dont le moindre défaut serait de demeurer purement théoriques. Les explications doivent s'adapter à la portée des élèves, au caractère des morceaux, aux mille circonstances de la réalité concrète qui ne peuvent être prévues.

Dans les lectures qui s'adressent surtout à l'imagination, le commentaire fait lever dans le cerveau des enfants les représentations convenables. L'action narrée est nettement située, délimitée, suivie dans ses diverses péripéties jusqu'au dénouement. L'enfant s'efforce de voir « en dedans » par l'intuition intérieure, d'y suivre les détails et l'ensemble, les objets et leurs lignes, les êtres et leurs attitudes, et la succession des mouvements et des épisodes. L'imagination ne manque pas d'acquérir à cet exercice de la souplesse et de la vivacité ; elle devient apte à considérer intérieurement les tableaux des lectures personnelles, à faire agir les êtres qu'elle invente. La capacité représentatrice s'avive ; la capacité créatrice s'amplifie, s'enrichit et se colore. Au reste aucune faculté de l'âme n'agit isolément. Les héros dont l'enfant revit l'histoire généreuse, touchante ou pittoresque, il les aime ou les hait ; quelque sympathie accompagne l'imagination, qui les fait sourire, battre des mains, pousser des oh ! d'indignation ou de pitié. Quant au jugement moral, il succède et se mêle à la sympathie ou à l'antipathie.

D'autres morceaux tendent plutôt à remuer le cœur. Quelques représentations sont nécessaires sans doute, que le texte a vite appelées. Mais c'est un sentiment d'amour ou d'aversion, de joie, de crainte, de pitié que l'auteur tente de provoquer. Nos classes ignorent trop les facultés affectives. Elles se défient injustement de la sensibilité. Nous valons cependant davantage souvent par notre cœur que par notre intelligence, par notre générosité, notre délicatesse, notre capacité de sacrifice et de dévouement plus que par notre pensée. On veillera certes à ce que la sensibilité ne dégénère pas en vaine sensiblerie. Il suffit, pour éviter ce défaut, de ne pas laisser l'émotion se diffuser inutilement dans les nerfs, se transformer en rêveries inefficaces et morbides, d'où la sensualité n'est pas toujours absente ; il faut la canaliser vers le vouloir, suggérer des résolutions, déterminer l'attitude pratique, précise, à adopter dans telle circonstance concrète. Les émotions qui ne sont pas conduites à l'action créent un fonds de sentimentalité inerte qui est un obstacle à la noble et vaillante activité, à l'accomplissement courageux du devoir. Mais au lieu de les laisser s'évaporer comme une inutile vapeur, condensons-les en un réservoir d'énergie qui, au moment opportun, se déchargera dans l'acte viril de l'effort ou de la résistance. La notion de bien ou de mal est au reste fortement liée, dans les jeunes âmes, au sentiment de sympathie et d'antipathie ; l'instinct d'imitation pousse irrésistiblement les enfants à se modeler sur ceux qu'ils aiment ou qu'ils admirent. Les lectures émotives, quand elles sont utilisées et renforcées par un art que les maîtres n'apprendront point dans les livres, s'ils ne le trouvent dans leur cœur, peuvent devenir de ce chef éminemment éducatrices.

Les fables, les contes, les poésies didactiques s'adressent par contre à la raison surtout ; raisonnons-les donc ; exerçons la réflexion des intelligences sur les idées, que nous proposent ces morceaux ; pesons les motifs qu'ils invoquent pour nous convaincre ; examinons-en l'application dans la vie quotidienne. Le jugement, le bon sens, la finesse des distinctions, la justesse des raisonnements, la sagacité et le flair divinateur dans l'examen des intentions, des caractères, de la valeur morale des actes posés, voilà le bénéfice de telles leçons. Mais que ces textes, de valeur littéraire authentique, je suppose, ne soient pas uniquement prétexte à ratiociner. Les éléments de pittoresque des comédies aux cent actes divers de La Fontaine doivent être perçus aussi et l'impression de beauté ressentie.

Le morceau littéraire ne peut servir à l'investigation scientifique à l'instar d'un texte quelconque qui décrit un pays, une machine ou un animal. On ne peut presser des strophes pour en tirer un contenu de connaissances, des définitions et des distinctions. Qu'on se garde donc de toute digression savante, de toute érudition historique, géographique, grammaticale, lexicographique ou autre dont le texte n'exige pas absolument la communication pour être compris. Il serait déplacé de faire précéder la lecture du *Rhône* de Roulier (Genève, deg. sup., p. 431) d'une leçon de géographie, comme aussi d'adjoindre à celle de la *Panthère noire* de Leconte de Lisle un cours d'histoire naturelle. Mais ces morceaux trouvent leur place naturelle avant ou après les leçons de géographie, d'histoire naturelle convenables ; après, parce que les notions scientifiques ont fourni des éléments d'intelligence non méprisables ; avant aussi parfois, parce que ces morceaux peuvent servir comme de première vue générale et synthétique sur un domaine nouveau, sur une série nouvelle de leçons d'histoire, de morale, voire même de sciences.

Les pédagogues français, comme les pédagogues allemands, requièrent quelques notes biographiques sur les auteurs des poésies lues en classe. Que nos écoliers n'ignorent pas complètement les noms des quelques écrivains qui font partie intégrante de l'histoire et de la gloire du parler français, qui reviennent à plusieurs reprises dans les lectures écolières, rien de mieux. Encore suffit-il, à notre avis, de donner, en passant, quelques détails frappants et caractéristiques sur leur vie et leurs idées, après avoir lu quelques extraits typiques de leurs œuvres. Mais importe-t-il à nos paysans, à nos ouvriers, de connaître Bataille, Girardin, voire M*me* Amable Tastu ? L'histoire littéraire, quand elle ne fait pas partie intégrante de l'histoire de la nation ou de la civilisation, est du ressort exclusif de l'enseignement secondaire.

Il est un indigne abus de l'art et du cœur de l'enfant que nous signalons à la sanction vengeresse des inspecteurs scolaires : quelques maîtres se permettent d'utiliser les plus émouvantes strophes comme textes de dictées, d'orthographe, de grammaire. On fait appel, enfants, aux facultés les plus nobles de votre âme, aux plus généreuses aspirations de notre cœur ; vous avez contemplé l'idéal par de larges échappées. Définissez maintenant articles et verbes, cataloguez des adjectifs, accordez les participes précédés de *le peu*, de *en* ou de *y*. A condamner encore et proscrire la mise en prose d'une poésie, devoir infâme qui profane la poésie et qui n'aboutit guère d'ailleurs qu'à une prose informe. Et que penser enfin de ceux qui ne savent trouver, comme sujets de pensums, d'autres textes que les plus beaux vers de la langue ? N'y a-t-il donc pas, dans le manuel, d'autres pages excellentes qui peuvent servir plus commodément à de pareils exercices et permettent de laisser inviolées celles qui, jaillies du cœur d'un grand poète, viennent de faire tressaillir et vibrer le cœur d'un petit enfant.

Quelle est la marche à suivre dans l'explication d'un texte littéraire ?

1. L'introduction aperceptrice doit être rapide et vive. Elle a pour but de remettre en mémoire les connaissances auxquelles le morceau fait allusion. Elle éveille les images utiles, caractérise les personnages et la scène où ils agissent, rappelle les événements historiques, situe les lieux, utilise les gravures, les illustrations du livre. Elle définit les mots inconnus ou peu usités qui surviennent dans le texte. La sensibilité ne doit pas être négligée dans cette introduction. Le premier contact de l'écolier avec la poésie décide souvent de l'impression totale. Il faut donc mettre les esprits dans les meilleures conditions de

percevoir et, en quelques phrases suggestives, accorder, pour ainsi dire, les cœurs, les disposer à vibrer dans la tonalité convenable. Mais, d'autre part, qu'on prenne garde de ne pas déflorer la jouissance et l'émotion par un exposé prématuré du récit qui touche ou des scènes qui font rire. Ni notre introduction, ni notre commentaire ne peuvent se substituer au texte, mais demeurer à son service, le faire seul valoir et agir.

2. Le maître présente le donné concret ; en l'espèce, il lit le morceau littéraire, ou bien il le récite, le dit par cœur. Il doit réciter les poésies, en particulier, que les élèves auront à mémoriser. Qu'il s'impose à lui-même, d'abord, l'effort qu'il exige des enfants. Il lit ou récite, mais très simplement, sans affectation, sans éclat de voix, sans intonation exagérée, presque sans geste. Le débit correct, bien pausé, met en relief le sens tout entier jusque dans ses nuances les plus délicates ; il distribue aux diverses expressions leur juste valeur ; il souligne le rythme, les coupes et l'harmonie des mots.

Les élèves l'entendent, leurs livres fermés, si le morceau est facilement intelligible. Ils le perçoivent, au cours moyen, par l'ouïe une première fois, les livres fermés, puis, les livres ouverts, par l'ouïe et la vue, s'il est d'une compréhension plus difficile. Les morceaux de prose et les poésies d'un caractère didactique sont ensuite lus par quelques élèves, individuellement, ou par tous, en chœur, mais sans compte rendu partiel : il ne s'agit que de prendre contact avec le texte.

La présentation du morceau peut s'effectuer, au cours supérieur, d'une manière plus personnelle : l'introduction terminée, les élèves ouvrent leurs livres, et lisent, et goûtent, en silence, la page qui les touche ou les charme. La préparation préalable doit, dans ce cas, être plus vivante et plus poussée, afin de suppléer à ce qu'apporte une bonne diction d'éclaircissement et d'émotion.

3. Un substantiel et bref compte rendu global amène naturellement l'interprétation, l'élaboration didactique dont nous avons parlé plus haut, qui comprend la recherche du sens général, des trois ou quatre divisions du développement et l'analyse discrète des idées et de l'expression.

4. Les élèves comprennent le texte et le sentent ; ils sont maintenant à même de le lire. Le maître, s'il le juge bon, le relit lui-même, en

traduisant par les inflexions de voix appropriées et naturelles les nuances du sens que l'analyse a révélées. Les qualités que doit revêtir cette lecture sont uniquement la sincérité, la vérité de l'expression ; ce sont celles que réclament à la fois l'art littéraire et la capacité de comprendre et d'imiter des enfants. Qu'il se garde de toute grandiloquence, de toute théâtrale mise en scène, de tout jeu de voix affecté ; ce serait apprendre aux enfants à mentir, les exciter à l'hypocrisie sentimentale, commettre non seulement une faute de goût, mais presque une faute morale.

Puis le maître lit pour présenter à ses écoliers un modèle d'expression auquel ils peuvent conformer leur propre intonation. Ce modèle doit donc être imitable de l'enfant ; il ne doit contenir que les inflexions que l'enfant lui-même peut s'essayer à reproduire. Les élèves lisent donc à leur tour. Ils lisent individuellement d'abord, puis collectivement. On peut cependant commencer par la lecture collective une poésie d'un rythme facile à régler.

On ne peut aborder la lecture expressive que lorsque les enfants possèdent les deux qualités maîtresses de la lecture courante ; la sûreté qui écarte les hésitations et les reprises, et la netteté qui proscrit l'articulation lâche et le bredouillage incertain. A ces qualités s'ajoute maintenant l'expression, qui fait valoir les idées et les sentiments dans leur force ou leur délicatesse par le ton, l'accent, la modulation de la voix. L'analyse doit non seulement insister sur les idées, mais encore sur les sentiments exprimés ; puis elle cherche la tonalité affective du morceau, plaisir, douleur, confidence, indignation ; elle découvre ensuite les mots de valeur, identifie leur rôle dans l'expression sentimentale ou logique ; elle s'efforce enfin de trouver quelle intonation convient et quelle articulation plus nette ou plus accentuée, lente ou grave, quels repos, quels arrêts.

Il ne suffit pas de rectifier une intonation fausse en donnant soi-même l'intonation vraie, avec ordre de la reproduire purement et simplement. On forme ainsi des perroquets plutôt que des lecteurs. Chaque personne parle d'après le sentiment qui l'anime : joie, gaieté, affliction, désespoir, ironie, crainte, sympathie, étonnement, colère. Quel est donc le sentiment exprimé dans tel passage ? Et de l'identification du sentiment se tire la juste intonation. Quel est donc le caractère du morceau, sa « tonalité » générale? Une élégie ne se lit pas comme un chant de guerre, une hymne religieuse comme une pièce comique. C'est l'intelligence et le cœur qui doivent guider la voix de l'élève. Au reste, ces leçons de lecture expressive sont moins un exercice vocal qu'un moyen de compénétrer mieux la page littéraire et d'en renforcer l'impression éducatrice.

Si quelque enfant trouve une intonation vraie et personnelle, que le sens justifie, nous l'acceptons volontiers. Il est bon, à l'occasion, de chercher, en commun, chacun proposant la sienne, la meilleure expression de tel ou tel passage. Ici encore les enfants peuvent faire preuve d'initiative et d'intelligence. Ces exercices cependant ne doivent pas se prolonger ; ils deviennent bientôt fastidieux.

5. La leçon peut se terminer par une causerie sur le contenu et aussi, à l'occasion, sur les qualités esthétiques du texte. Cette causerie doit être soutenue dans le ton du morceau ; elle prolonge et fait retentir jusqu'aux intimes profondeurs de l'âme les accents qui virilisent et

grandissent. Mais, d'autre part, il faut apprendre aussi à nos adolescents à ne pas laisser surprendre leur cœur ni leur conscience par la magie des phrases élégamment enroulées, par l'envoutement subtil des strophes enchanteresses. Les actes des personnages, les motifs qui les ont dictés, les sentiments qui les ont inspirés, les conséquences qui les ont suivis, font l'objet d'une libre et vivante discussion. En face du texte attirant surtout, il importe de nous recueillir, de nous définir nettement à nous-mêmes quelle attitude intérieure nous prenons. En acceptons-nous l'enseignement et la suggestion? devons-nous au contraire en repousser les images tentatrices, amolissantes ou perverses?

Est-il besoin d'ajouter qu'il est du strict devoir de l'instituteur de préparer avec beaucoup de soin et jusque dans les derniers détails une leçon de lecture littéraire. Les revues pédagogiques et les « livres du maître » contiennent sans doute des préparations toutes faites qu'il est bien commode de suivre aveuglément. Quelle préparation personnelle d'un instituteur peu versé dans l'art littéraire vaudra, dit-on, celle qu'ont élaborée des spécialistes d'une haute compétence. Mais c'est précisément parce que ces préparations suppriment toute initiative, toute emprise personnelle du maître sur le texte qu'elles sont à condamner. L'explication doit être adaptée à la portée de la classe, à ce que les élèves savent, à ce qu'ils peuvent sentir. Or ces préparations imprimées expliquent tout ; le facile et le difficile, tout est sur le même plan ; ni les difficultés spéciales du commentaire, ni les passages à souligner n'y apparaissent : de menues gloses s'accrochent à chaque vers, à chaque mot. Les préparations enfin ne peuvent s'adresser qu'à l'intellect froid et sec. Or une poésie, une belle prose, sont des œuvres qui veulent être comprises par le cœur autant que par l'intelligence. Quelle leçon préparée des livres suggèrera les mots qu'il faut dire, le ton qu'il faut prendre pour faire s'épanouir les imaginations et les cœurs battre plus vite ? Une telle lecture n'est efficace que si le maître y participe lui-même, la dit simplement comme il la sent ; car nul ne peut prétendre remuer le cœur de ses auditeurs qui n'est pas ému lui-même, qui n'a pas lui-même goûté et senti.

La présentation d'un morceau lyrique.

L'explication dont nous venons de décrire les procédés pédagogiques convient à la fable, au conte, à la description, à une scène de drame ou de comédie, à la poésie didactique, à quelques poèmes épiques. Elle ne convient plus aux morceaux, prose ou vers, qui traduisent des émotions profondes du cœur humain, amour, joie, orgueil, pitié, tristesse, indignation, et que nous appelons de ce chef *lyriques*. Le but de l'écrivain est ici de nous émouvoir, de nous communiquer les mouvements, les passions qui l'agitent. Le texte s'adresse moins à l'intelligence, moins à l'imagination même, qu'aux instincts profonds, aux tendances affectives qu'il tend à remuer. Le retentissement émotif d'une telle poésie réside moins dans les mots eux-mêmes et le sens propre de chacun d'eux que dans leur choix et leur assemblage, dans la suggestion des images qui agissent synergiquement, dans la musique des mots. La pièce lyrique est comprise, comme le tableau de maître, comme la beauté plastique, grâce à une intuition synthétique, à l'éveil des tendances profondes, à l'attirance intime et spontanée, bien plus que par réflexion calculée et raison géométrique. Quand on a mesuré la parfaite proportion, démontré l'impeccable harmonie d'un chef-d'œuvre, on n'en a pas encore exprimé l'essentiel, qui est précisément la beauté ; celle-ci ne se laisse pas enfermer dans des formules et sous des étiquettes ; elle se sent.

Aussi bien devons-nous adopter pour les textes lyriques un procédé bien différent de ceux que nous avons proposés pour l'interprétation de morceaux qui s'adressent surtout à l'intelligence, voire à l'esprit de finesse, car ils sont d'un autre ordre. Il s'agit moins de les faire intelliger que de les faire sentir intuitivement.

Les beaux poèmes, plus que tout autre morceau, retentissent dans les âmes juvéniles et en remuent les fibres jusque dans les plus intimes profondeurs. Ils amènent l'adolescent à prendre conscience des sentiments qui bouillonnent obscurément dans son cœur ; ils dévoilent à ses yeux la beauté des choses et de la vie, de cette vie qu'il aspire à vivre avec une si impétueuse ardeur, et l'exaltent avec un éclat, une force, une précision parfois, que son âme peut en conserver jusque dans la vieillesse l'éblouissante impression. Est-il téméraire d'affirmer que toute existence qui a valu la peine d'être vécue n'est que la réalisation par l'âge mûr des généreuses aspirations de la jeunesse ? Et quelle influence la perception de la beauté morale, poétique ou plastique, n'exerce-t-elle pas sur la formation des ambitions adolescentes, du vouloir vivre des jeunes gens ?

L'éducateur ne saurait donc négliger le poète ; il peut trouver en lui un auxiliaire précieux ; celui-ci rend désirable cette forme de vie que celui-là voudrait faire accepter. Certes, bien des poésies lyriques ont puisé leur inspiration à des sources troubles et impures. Mais il en est aussi, et beaucoup, qui sont capables d'inspirer la noblesse et la délicatesse d'âme plus efficacement que les meilleures des leçons d'histoire ou de morale. Le Christ, quand il voulait confondre ou convaincre, aimait à narrer quelque parabole bien concrète et saisissante dont les imaginations et les cœurs demeuraient pénétrés. Puis il se contentait d'en éclairer d'un mot la portée vitale, sûr que la leçon porterait. Le maître d'école doit procéder de même dans l'interprétation de la haute poésie. Qu'il mette ses élèves dans les meilleures conditions pour l'entendre, qu'il la lise, et se contente le plus souvent d'ajouter : « Allez et faites de même ».

Les pages qui ont le plus profondément fait vibrer notre jeunesse ne sont pas nécessairement celles que nous avons le plus complètement comprises, j'entends dont nous avons vidé le sens d'une ou deux lectures exhaustives, mais bien plutôt celles dont la force et la grandeur, dont l'ivresse ou les sanglots nous ont remués en nous dépassant, en nous dominant. Le paysage idéal qu'elles nous présentaient, nous le sentions, devait se prolonger bien au delà de l'horizon que nos yeux débiles et nos intelligences bornées pouvaient parcourir.

Les livres français se bornent trop, me semble-t-il, aux poésies d'inspiration didactique et rationnelle ; ils se défient injustement de tout large coup d'aile et de tout envol, et, par souci de demeurer à la portée des élèves, ne contiennent guère que des morceaux que ceux-ci épuisent d'une lecture, auxquels par conséquent ils ne reviennent pas. Le *Kunsterziehungstag* de Weimar, en 1903, a largement ouvert la porte des écoles primaires allemandes aux poèmes épiques et lyriques. Les faits ont montré, les exagérations de quelques novateurs indiscrets mises à part, que l'on avait eu raison. Les enfants de toute condition ont appris à goûter, à aimer, les beaux vers, là où on a su les leur bien présenter. Que l'on ne prétende donc pas que la poésie ne convient pas à l'enfance ; elle en est comprise si le maître sait choisir un morceau dont le fond comme la forme lui soit accessible dans une certaine mesure, sinon totalement ; elle en sera aimée si on la leur sait faire aimer. Aussi bien qui, plus que l'enfant, que l'adolescent, est épris d'idéal, de noble ardeur, de générosité qui s'oublie et se donne ? Il importe peu que toutes les expressions, toutes les figures aient été éclaircies ; ce qui importe, c'est que les cœurs aient battu.

Qu'on n'oublie donc jamais que de tels poèmes se goûtent par intuition directe. Qu'on ne les avilisse point et n'en déflore pas, en les commentant comme de la vulgaire prose, la fraîcheur et la vivacité. Les pages que nous avons aimées, que nous avons transformées en la substance même de notre âme, qui nous sont devenus sacrées, avec quelle douloureuse indignation les entendons-nous ânonner en d'ennuyeuses et monotones récitations, disséquer en d'interminables analyses par un grammairien au cœur sec, par un philologue au sang froid et lent. Les mots perdent leur sens ; les vers perdent leur rythme et les strophes leur vie. La poésie, œuvre d'art, doit être traitée comme toute œuvre d'art. Il faut la comprendre sans doute ; il faut la sentir surtout ; ce n'est qu'en la sentant qu'on la comprendra complètement. Que les maîtres veillent donc à ne pas transformer cette chose vivante et chaude en un cadavre inerte et déchiqueté. Le but de la leçon, c'est la poésie sentie et vécue, expérimentée, et toute la poésie, avec ses mots choisis, avec son rythme chanteur, avec les idées et les sentiments qu'elle exprime. C'est vers ce but qu'il faut tendre ; ce but doit être atteint à la fin de la leçon.

Or un tel but nous impose une méthode : un poème lyrique, qu'il soit en prose ou en vers, ne s'explique pas ; il se lit. Toute glose ne peut qu'affaiblir l'impression, quand elle ne la détruit pas. Le maître doit se préoccuper d'une seule besogne où son activité pédagogique ait à intervenir : disposer les âmes de ses auditeurs afin que cette lecture exerce son action maximale. L'état d'âme que le poème révèle dans une forme magnifique doit être lentement préparé par l'éveil des idées, des images et des sentiments qui le composent. Et lorsque l'intelligence, l'imagination, le cœur ont été exaltés jusqu'au niveau requis par le morceau, qu'on lise celui-ci et qu'on abandonne les élèves à leur impression. L'incomparable beauté de la forme ne leur sera pas toujours pleinement sensible. A quoi bon la leur expliquer en détail. Qu'ils sentent passer sur leur âme un souffle surhumain et foin de toutes les gloses !

La leçon comprend donc deux parties, une introduction et une lecture. L'introduction ne laisse pas d'être délicate ; le succès, cependant, la portée émotionnelle de la lecture, en dépend. Les livres demandent qu'elle soit courte. La recommandation est vaine. Elle est longue ou courte selon la nature du sujet, les dispositions actuelles des élèves et leur portée. Ce n'est pas en quelques phrases rapides et indifférentes que l'on crée un état d'âme qui réalise les conditions *optimum* de goûter et de jouir. Tous les écoliers ne réagissent pas également à la parole du maître; les uns ont la conception lente et les autres, l'émotion. L'impression poétique, nous dit M. Marcel Braunschwig dans son livre *l'Art et l'Enfant*, « résulte des associations multiples et indéfinies qui se dégagent à la fois de la forme des vers et de leur contenu. Mais pour que ces associations puissent s'éveiller en nous et s'y dérouler en séries interminables, il faut que notre âme se soit enrichie au cours de l'existence d'un trésor varié d'images, de sentiments et d'idées. » Aux mots doivent correspondre en notre âme des résonnances qui se prolongent lointainement. Or l'enfant n'a guère de passé ; son âme manque de résonnance. Nous avons donc à rappeler, à disposer dans la conscience toutes les représentations utiles, et, dans la plupart des poésies lyriques, elles ne sont pas très nombreuses. Nous avons surtout à en exploiter la valeur émotionnelle. Or les jeunes cœurs vibrent facilement et intensément ; la ferveur de l'émotivité, chez eux, supplée à la pauvreté des souvenirs. Puis, si leur expérience est courte, ils ont l'avenir, et la répercussion est en eux lointaine et profonde des poésies chargées d'espérance.

Le maître rappelle d'abord ou expose les faits qui ont fourni la matière de la poésie, les circonstances qui l'ont dictée, les opinions qu'elle défend, peut-être, et les idées qu'elle soutient. Il situe la scène, caractérise les personnages. Qu'il prenne garde cependant de ne rien dévoiler du drame, ni du dénouement, rien qui puisse ternir l'intérêt, affaiblir la vibration intérieure. Les alentours seuls sont déblayés pour permettre l'approche et le contact. Cet exposé ne doit point être fait d'une voix indifférente en termes quelconques.

Par le ton chaud et prenant de sa parole, par les mots expressifs et concrets qu'il emploie, par la peinture colorée des situations et la description des états d'âme des personnages, par les réflexions qu'il suggère, par les expériences affectives des enfants qu'il réveille et ravive, sans que ceux-ci s'en doutent, par les échappées vers l'idéal et vers l'avenir qu'il entrouvre, il remue et fait battre plus vite les jeunes cœurs. Dans sa préparation, le maître bande l'âme des écoliers, y accumule progressivement une émotion qui se déchargera, si l'on peut ainsi dire, lors de l'aperception de la lecture. Que cette tension cependant n'ait rien ni d'énervé, ni de morbide, ni de mièvre ni de sensuel, d'exagéré ni de pénible. L'introduction peut sans doute se pratiquer par l'interrogation euristique ; mais que l'instituteur s'abstienne de questionner les écoliers sur ce qu'ils sentent, sur ce qui fait sourire ou se mouiller leurs yeux. Si l'un ou l'autre s'ouvre spontanément, qu'il accepte et utilise discrètement et sans jamais se moquer les remarques gentilles et naïves. Nous préférons cependant qu'il expose, qu'il agisse sur les cœurs par sa parole chaude et prenante, — à condition qu'il parle très bien.

Le texte n'est pas toujours limpide. Le vocabulaire en est imagé ; des mots inconnus s'y rencontrent, des tournures qui ne sont pas familières. Or, il importe que l'enfant soit saisi dès la première lecture, l'unique souvent. La poésie agit comme ensemble, globalement, dit-on. Est-il nécessaire d'expliquer tous les accords, toutes les phrases musicales pour faire goûter une symphonie ? Non, certes. Mais encore le retentissement affectif est-il dépendant de l'intelligence du texte, des résonnances des mots dans la conscience et la subconscience de l'enfant ; et si les mots ne sont pas compris, l'âme demeure muette. Nous avons donc intérêt à rendre la compréhension la meilleure possible. Or, nous pouvons, dès avant la lecture du morceau, introduire dans la préparation euristique les expressions, les termes et les figures qui surviennent et en donner, par leur emploi même dans notre propre exposé, sans appareil dogmatique, la signification. Mais que cette explication ne s'éparpille ni ne s'allonge ; les plus beaux vers, les images les plus frappantes sont goûtés d'autant mieux qu'ils demeurent dans un halo de mystère, et ce mystère doit être respecté. Une certaine pénombre est propice au rêve ailé.

Et maintenant la lecture peut venir.

C'est le maître qui lit, ou, mieux, qui récite par cœur. Je dis bien qu'il récite et non pas qu'il déclame, car je veux qu'il présente les strophes exquises ou triomphantes sans éclat de voix, presque sans geste ; l'attention doit s'effarer de sa personne et de son art de dire pour se porter entière sur la seule audition, sur le texte. L'accent, les pauses et le ton doivent faire sonner le rythme, souligner la pensée, faire valoir les sentiments.

Toute affectation doit être bannie comme cabotinage indigne de la gravité d'une leçon, comme abus de la sincérité naïve des émotions enfantines, comme injure à la beauté simple et vraie. Le maître doit sentir et se laisser émouvoir lui-même. Les enfants ont l'oreille fine ; ils discernent fort bien la déclamation menteuse, les grimaces hypocrites. Il n'est pas besoin pour émouvoir d'être un diseur expert, ni de posséder un organe chaud et souple. Celui qui met son cœur dans sa diction produira une impression plus saine et plus durable que celui qui fait résonner sa voix sans que son cœur vibre.

Quelques-uns voudraient s'arrêter à cette unique lecture. N'est-ce pas pousser trop loin le scrupule? Une seconde lecture rompt-elle tout charme et toute jouissance ? Laisserons-nous l'impression s'effacer sans un mot qui la renforce et l'approfondisse? Pourquoi fermer le livre et se taire ? Les enfants demandent au contraire à causer. Que chacun puisse donc librement dire ce qu'il a ressenti, imaginé, comment il a réagi aux strophes émouvantes ou gracieuses. Les âmes candides et ouvertes perçoivent mieux qu'il ne paraît les beautés des pièces qui les touchent et les redisent parfois en un langage plus proche de celui des poètes que l'adulte racorni. Ils oublient moins de détails importants qu'on ne pense.

Et si quelque naïveté survenait, le beau malheur ! Ils ont senti et goûté directement le poète ; c'est l'essentiel. Le maître n'a pas à torturer leur esprit par des questions indélicates ni à échauffer leur cœur d'un enthousiasme artificiel. Qu'il laisse leurs âmes s'épanouir et il suffit.

Si les élèves ont le morceau dans leur livre, on peut le leur faire lire comme il a été dit plus haut, en lectures collectives d'abord, puis individuelles. Les lectures en chœur peuvent singulièrement faire valoir, grâce au volume des voix, les textes bien cadencés et d'un caractère guerrier, triomphal ou joyeux. Il est plus difficile d'exprimer collectivement des sentiments discrets, intimes, tendres ou tristes. La lecture en chœur, quand elle est pratiquée avec tact et bonheur, peut arriver à de remarquables effets d'expression et d'art. Les lectures individuelles sont souvent moins bonnes, soit que les âmes plus délicates éprouvent une pudeur à dévoiler leurs impressions profondes, soit que plusieurs sont incapables de les traduire par la voix ; il ne faut donc pas abuser de cet exercice.

Mais pourquoi vous en tenir exclusivement aux morceaux du manuel de l'élève ? Vous venez de terminer une leçon sur la faute morale ; vous avez rappelé le châtiment de Caïn ; les écoliers ont frissonné devant le formidable tableau de Fugel où le Dieu de justice marque du doigt le front du fratricide épouvanté. Ne sont-ils pas préparés par votre leçon entière à entendre la *Conscience* d'Hugo ? Vous avez parlé du printemps. Mais qu'est-ce qui vous empêche de lire le *Retour du printemps* de Gautier ? Les leçons de religion, de morale, d'histoire, gagneraient en valeur de vie si elles finissaient par une lecture entraînante et suggestive de bonnes résolutions. Au reste, on sait qu'il est bon d'ordonner les leçons autour d'une pensée centrale, de les compénétrer toutes d'une certaine atmosphère morale, d'y introduire comme un *leit-motiv*, idée de la semaine ou idée du mois. Les lectures littéraires mieux que toutes les autres disciplines, peuvent être choisies en conformité avec le *leit-motiv*, le reprendre dans des tonalités diverses, l'inculquer avec d'autant plus d'efficacité que l'enfant ne s'aperçoit pas de sa magique et joyeuse suggestion.

Toutes les pages du livre, qu'elles soient scientifique, géographiques ou morales, doivent être d'excellente langue ; elles sont tirées souvent d'œuvres des maîtres du style. Toutes pourraient donc prétendre aux honneurs des lectures que nous avons appelées littéraires. Mais les leçons, dont nous venons d'exposer la marche et les procédés, ne peuvent porter que sur des textes destinés moins à communiquer un contenu de pensée qu'à procurer une jouissance. Le maître saura bien discerner les extraits qui peuvent servir à apprendre à l'élève à connaître et à profiter de celles qui lui apprennent à lire pour jouir.

La récitation.

Certains pédagogues, en Allemagne surtout, rejetteraient volontiers toute récitation, même de poésies, surtout de poésies. La mémorisation inintelligente des textes, le retour monotone des césures,

Musique de moulin pour le pas lourd des ânes,

la volubilité des récitations précipitées, ne peuvent que gâter la jouissance et le goût. Aussi conseillent-ils de ne faire réciter que les élèves qui ont, librement, volontairement, appris par cœur. Celui-là seul qui, par plaisir, prendra cette peine sous l'empire de l'émotion ressentie, pour la prolonger et lui donner quelque durée, est capable d'entreprendre le travail mnémonique sans danger pour sa formation esthétique. N'est-ce pas trop compter sur l'initiative et la volonté d'enfants étourdis ? Certes, les choix des textes par les maîtres ont pu prêter à la critique ; la diction des élèves laisse bien à désirer ; l'oubli a vite fait d'emporter les vers les plus sublimes, comme le vent les feuilles d'automne.

Nous croyons cependant que, de par leur nature même, les poésies sont faites d'abord pour être dites et entendues, ensuite seulement pour être lues, pour l'oreille plus que pour les yeux.

L'élève gagne à cet exercice d'emmagasiner les termes du plus pur, du plus noble langage, des images ingénieuses, des tournures élégantes ; son oreille enregistre les rythmes, la tonalité propre à chaque langue ; ses organes sont exercés à rendre cette tonalité, ce timbre spécial du français, et le rythme, et les inflexions, les modulations, l'accent enfin, que comporte l'une ou l'autre des œuvres qui font partie du patrimoine national et que la génération adulte doit, avant de disparaître, transmettre à la génération qui monte. Et quand bien même le texte aurait disparu dans l'oubli le plus complet, ces acquisitions demeurent, que la mémorisation a fixées, comme capitalisées en habitudes.

Mais il ne s'agit pas seulement de mots ; l'enfant a joui, plusieurs jours durant, d'un commerce intime et fécond avec quelque penser haut et substantiel, avec quelque « idée-force », avec quelque généreux sentiment, dont il s'est tout imprégné. Les mots et leur assemblage disparus, cette communion a sûrement laissé un résidu dans sa volonté, dans sa conception des choses et de la vie. Or, ces acquisitions sont durables ; le texte oublié continue d'agir en nous ; nous lui devons, sans en avoir conscience ni reconnaissance, parce que nous nous le sommes converti « en sang et nourriture », quelque chose de notre noblesse d'âme, de notre distinction d'esprit, quelque chose du meilleur de nous-mêmes. Et nous touchons en somme à la raison propre de la mémorisation, au rôle de la récitation en classe. Nous aurions donc tort de ne point pratiquer un tel exercice sous prétexte que l'association matérielle des mots se rompt et se disperse, que la formation de la mémoire n'en tire guère de profit. Et si notre leçon de lecture expliquée a réussi à intéresser les écoliers, si elle a su leur faire entrevoir le contenu de vouloir et de beauté que renferme le texte, si elle a fait aimer le poète par les enfants, ceux-ci auront du plaisir à prolonger le contact confiant, à posséder mieux, plus intimement, les claires vérités enchâssées dans les beaux vers. Ils les mémoriseront et les réciteront sans aucun ennui, avec une joie renouvelée. On gagne sans doute bien peu à faire apprendre par contrainte. Mais nous prétendons que le maître peut, sans contrainte aucune, rendre ces exercices agréables aux élèves et profitables infiniment à leur formation d'intelligence et de volonté.

Lorsqu'on heurte doucement une feuille de papier chargée de limaille et placée au-dessus d'un aimant, on voit les minuscules grains de fer s'orienter lentement en figures définies autour des pôles. Les leçons de poésie agissent semblablement. Elles apportent quelques grandes idées maîtresses, pôles autour desquels s'organisent tous les menus détails de l'existence. Et les émotions provoquées remplissent l'office des chocs légers et répétés qui orientent les impressions, les images, les pensées, la multitude des actes quotidiens et familiers. Petit à petit une attitude intérieure se dessine, la synthèse mentale, déterminatrice de la direction que prendra notre action, de la valeur qu'aura notre vie.

Au reste, la récitation ne forme ni une branche, ni même un genre de leçon à part, dans le programme. Ce n'est qu'une lecture littéraire qui se prolonge en mémorisation. Les poésies qui doivent être récitées (car il n'est nullement désirable qu'on apprenne toutes les poésies qu'on explique, encore moins qu'on ne lise que les poésies qui doivent être récitées) sont expliquées, commentées en classe selon le mode que nous avons décrit plus haut. En vue de la mémorisation subséquente, on pousse plus avant l'étude du plan, celle des mots de valeur, de leur importance, de leur fonction dans l'expression des idées et des sentiments, celle enfin de la lecture expressive.

Cette dernière est reprise plusieurs fois, et la récitation ne fait que la continuer, pareille, avec ses inflexions et son mouvement. Il est bon de donner aux écoliers des directions sur la manière d'apprendre par cœur un morceau, en le leur imposant. La récitation doit posséder les mêmes qualités que la lecture expressive dont elle est le prolongement, correcte dans sa prononciation, intelligente, élégante dans sa diction. L'harmonie et le rythme y sont sensibles, même ce rythme matériel qui est le retour régulier des groupes de syllabes que séparent la rime et la césure ; ce retour distingue en somme le vers de la prose rythmée et doit être senti, sans que les pauses ou les inflexions qui le marquent ne transforment la récitation en endormante mélopée. Les écoliers imitent la diction du maître dans sa tonalité générale ; quelque chose cependant doit trahir l'émotion ressentie, et ce quelque chose de sincère et de personnel donne à la récitation de chacun son individualité, de la vie et de l'intérêt.

Le morceau à réciter est appris pour un jour déterminé, le lendemain ou le surlendemain. Il est préférable de donner moins de lignes à apprendre, mais plus souvent.

Beaucoup s'empressent d'oublier les vers une fois récités. On fera donc bien de revenir à intervalles irréguliers aux poésies récitées déjà, au gré de circonstances qui justifient ces revisions et leur donnent de l'intérêt. Il fait beau, le ciel rit ; les laboureurs ouvrent la terre pour y jeter leur blé. Qui se souvient du *Laboureur* de

Samain, des *Semailles* d'Hugo (Genève, deg. sup., 403 et 404)? Un anniversaire patriotique rappelle sur les lèvres *La terre natale* de Lamartine (*Ibid.*, 429), le moi de mars, la *Fuite de l'Hiver* d'Angelier (*Ibid.*, 419), et ainsi de suite. Ces répétitions occasionnelles ne doivent rien avoir d'ennuyeux ni de pénible ; elles constituent un intermède gai (est-il besoin de dire que la note gaie doit dominer dans les morceaux qu'apprend l'enfance?) délassant, aimé des élèves ; ceux-ci doivent réciter des vers avec le même plaisir et le même entrain qu'ils chantent une chanson.

Nous avons parlé de poésie surtout, parce qu'elle gardera toujours la plus large part dans les récitations ; on ne négligera pas cependant la belle prose.

Poésie ou prose, nous ne choisirons, pour les confier à la mémoire des élèves, que les meilleures, parmi les excellentes pages qui auront été expliquées, les meilleures et comme valeur littéraire et comme portée éducative.

Notre siècle matérialiste et les pédagogues réalistes qui prétendent s'inspirer des « besoins et des exigences du temps présent » trouveront sans doute que j'accorde une part trop belle à la littérature et à l'art dans l'école populaire. Quel fruit pratique peuvent bien retirer les petits primaires d'un pareil commerce avec les poètes ? Le moindre renseignement sur les trèfles et les engrais ferait mieux leur affaire. Il est une page de Ruskin dont me font souvenir ces éducateurs qui ne pensent qu'au « pratique ». Je demande la permission de la transcrire ici à leur adresse.

La raison d'être de l'homme, sa mission, c'est d'être le témoin de la gloire de Dieu, d'augmenter cette gloire par son obéissance raisonnable et le bonheur qui en résulte... Et pourtant, en ce siècle de labeur, les hommes, quand ils parlent sincèrement, parlent de leurs maisons, de leurs terres, de leur nourriture, comme si ces choses étaient seules nécessaires, et comme si la Vue, la Pensée, l'Admiration étaient sans profit ; et ainsi se proclament utilitaires des hommes qui se transformeraient en légumes, eux et leur race, si on les laissait faire ; ces hommes pensent, du moins autant qu'on peut appeler cela penser, que la nourriture est plus que la vie, et le vêtement plus que le corps ; ils regardent la terre comme une étable et ses fruits comme du fourrage : vignerons et laboureurs qui préfèrent le grain qu'ils broyent et les grappes qu'ils pressent aux jardins des anges qui couvrent les pentes de l'Eden ; coupeurs de bois et puiseurs d'eau qui pensent que c'est pour leur fournir du bois à couper que les forêts de pins couvrent les montagnes, semblables à l'ombre de Dieu, que c'est pour leur fournir de l'eau à puiser que les grandes rivières se meuvent, semblables à son Eternité....

L'Ecole n'aurait-elle pas pour tâche, au contraire, de faire souvenir vignerons et laboureurs, puiseurs d'eau et coupeurs de bois, qu'ils ont une âme et un cœur, de les élever au-dessus du matérialisme pratique jusqu'aux réalités invisibles, d'élargir leurs horizons bornés, de leur ouvrir les perspectives de ces espérances chrétiennes dont nous savons le fondement, de leur donner une vie intérieure et personnelle, de les faire participer, pour parler comme Ruskin, à la Vue, à la Pensée, à l'Admiration.

CHAPITRE VII

PHASE TERMINALE DE L'APPRENTISSAGE DE LA LECTURE

Vers la fin de la scolarité, les élèves possèdent un vocabulaire, sinon riche, du moins suffisant à leur besoin d'expression, précis, assez complet pour assimiler et englober les acquisitions nouvelles. Ils savent découvrir une pensée dans un texte, la compénétrer, l'en extraire par un effort spontané et soutenu. Ils sont donc capables de lire avec intelligence, d'étendre leur culture, de créer avec leur imagination, de s'émouvoir noblement, de fortifier leur vouloir clairvoyant et solide.

L'instituteur cependant est toujours près d'eux pour les diriger et les aider. C'est de cette aide et de cette présence qu'il doit les libérer maintenant. Il va prendre congé d'eux. Il va leur montrer la route lointaine et les y laisser courir leur vie. Mais, comme en certains sports, il les accompagne quelques instants encore en entraîneur plutôt qu'en maître.

Deux exercices marquent cette phase terminale de l'apprentissage de la lecture, la « lecture commentée » et l'utilisation rationnelle de la bibliothèque scolaire.

La lecture « discutée ».

Les cercles d'études ont mis en honneur un mode spécial de lecture qu'ils ont appelée bien improprement la lecture « commentée », que nous appellerions plutôt la lecture « discutée ». Les jeunes gens qui le composent lisent en commun quelques pages religieuses, sociales, littéraires, et les idées qu'ils y rencontrent alimentent leurs discussions, servent à préciser leurs idées communes, leur attitude à l'égard des solutions qu'on leur propose des problèmes qui agitent l'heure présente, à suggérer quelques viriles résolutions.

De telles leçons peuvent être introduites dans les classes terminales de l'enseignement primaire, dans les cours de perfectionnement, tels qu'ils sont organisés dans notre pays, où s'achève la tâche de préparer le jeune homme à prendre part et parti dans la mêlée contemporaine des opinions et des intérêts. Car ce n'est pas un être neutre, veule et nul que nous avons l'ambition de former.

Les leçons comprennent deux parties. La première est la lecture proprement dite. Elle est faite par le maître ; elle est faite aussi, et c'est préférable, par un élève qui l'a préparée soigneusement d'avance. Cette lecture lente, de 130 à 140 mots par minutes, doit faire valoir et comprendre et le sens et le sentiment.

Puis vient le commentaire. Le commentaire porte d'abord sur la pensée essentielle, sur l'idée que l'auteur a voulu démontrer. Les quelques idées secondaires qui la développent sont ensuite mises en lumière. A ce propos, les expressions dont le sens demeure imprécis, les vocables abstraits, ceux surtout qu'on rencontre volontiers dans les journaux et les tracts, sont définis avec netteté. Les adolescents eux-mêmes doivent questionner le maître sur les mots dont la signification leur échappe. Le langage des gens de demi-culture est farci de ces formules qu'ils n'entendent qu'à peu près ou pas du tout, qui les empêchent de réfléchir et de juger par eux-mêmes, qu'ils emploient volontiers cependant, quoique de travers souvent, parce qu'elles « font bien » dans leurs phrases à effet.

Cette explication n'est que le prélude d'une plus substantielle besogne. Les idées de l'auteur apparaissent claires à chacun. Nous allons les discuter maintenant et prendre à leur égard une attitude mentale et pratique. Nous en éprouvons les fondements et les raisons. Si nous les acceptons, nous en tirons, en les précisant, en les adaptant, deux ou trois conclusions pour notre vie, pour notre action sur nous-mêmes ou sur notre milieu. Si nous les repoussons, nous en déterminons les causes de faiblesse, les motifs pour lesquels nous les écartons ; nous dressons en face de l'erreur ce que nous croyons être la vérité ; et nous cherchons la meilleure manière de réfuter celle-là, quand nous la rencontrerons, fallacieuse et parée de beau langage ; de faire apparaître celle-ci plus lumineuse et plus attirante.

C'est la causerie sur le contenu de nos leçons précédentes, mais plus libre, plus précise et plus agissante. Le maître ici doit s'effacer davantage, afin d'accoutumer les jeunes gens à s'exprimer avec aisance, à émettre en un clair et vigoureux parler leurs sentiments et leurs opinions. L'un d'entre eux peut non seulement présenter le texte à ses camarades, mais encore le commentaire et les conclusions. C'est un rapport oral qu'on lui demande. Nos grands élèves, à la veille de sortir des classes, doivent en être capables. Ils ont à leur disposition nombre de connaissances et d'idées que leur ont fourni sept à huit années d'école, un trésor non méprisable d'expérience et de remarques sur la vie courante de leur milieu.

De pareilles lectures peuvent particulièrement trouver place dans nos cours de perfectionnement, où nos jeunes gens de quinze à vingt ans s'entraînent non seulement aux questions plus ou moins heureuses des experts fédéraux, mais avant tout aux devoirs civiques et sociaux qui vont leur incomber bientôt, qui leur incombent déjà. Des articles de journaux, des tracts, des passages d'écrivains à idées y peuvent être commentés. On gardera naturellement la discrétion convenable dans le choix des sujets, afin de garantir à la classe sa sérénité pacifique. Nous nous apercevrons, en cette commune et amicale élaboration, si notre enseignement scolaire a porté ses fruits, si nos disciples savent lire, c'est-à-dire saisir le sens d'un texte et en profiter.

La bibliothèque scolaire nous pourra renseigner aussi sur l'efficacité de nos procédés de formation.

La bibliothèque scolaire.

Le rôle de la bibliothèque proprement scolaire n'a pas été, à notre avis, suffisamment défini, non plus que ses relations avec le programme et le travail ordinaire de la classe. Si la bibliothèque n'est qu'une armoire qui abrite les livres récréatifs qui charmeront les loisirs de l'écolier, l'empêcheront de chercher ailleurs des ouvrages de brutalité et de passion, ce n'est qu'une de ces œuvres, des plus utiles, à la vérité, qui foisonnent autour de l'école et menacent d'empiéter sur la besogne proprement scolaire. Elle se trouverait mieux à sa place dans les patronages, les associations de jeunes gens, les institutions juvéniles et sociales que l'on crée à l'heure actuelle dans chaque commune, autour de chaque église.

Nous voudrions que les écoles possédassent, indépendamment de la bibliothèque récréative, une bibliothèque proprement scolaire, à laquelle nous assignerions un rôle dans l'enseignement, un service pédagogique dans la formation écolière : l'initiation progressive à la lecture privée, lecture pour connaître, pour profiter ou pour jouir. Sa composition serait naturellement appropriée au rôle, au but qui lui serait attribué.

On y trouverait d'abord, par 20, 30 exemplaires, en nombre suffisant pour que tous les élèves en puissent recevoir un, quelques ouvrages de longue haleine, que les élèves auraient à parcourir dans les leçons de lecture de la dernière année scolaire ou des cours complémentaires.

D'aucuns voudraient qu'on ne lise à l'école, et dès la division élémentaire, que des œuvres entières, complètes, d'une étendue relativement considérable. Un seul livre, un seul sujet, devrait remplir toute une année scolaire. Les morceaux fragmentaires de nos manuels ne provoquent pas une impression profonde et synthétique, dispersent l'esprit au lieu de l'unifier, rendent impossibles les vues d'ensemble qui seules sont éducatrices. Il est peut-être vrai ; mais d'autre part l'œuvre unique est bien monotone ; les enfants veulent de la variété aussi bien dans leurs lectures que dans leurs jeux. L'impression en est trop unilatérale. Or, les regards des enfants doivent s'ouvrir aux multiples aspects du réel. Les extraits divers permettent de faire connaître des styles et des genres différents. Puis les forces d'un enfant ne sont pas celles d'un adulte. Quel écolier est donc capable d'accomplir sur un livre entier cette recherche du sens général, de l'idée dominante, ces retours sur le morceau pour l'embrasser en entier et le juger, cette élaboration diligente qui tend à épuiser le contenu éducatif, qu'il est possible d'obtenir sur une page ou deux ? Au reste, cette synthèse mentale, dont on a raison de se préoccuper, est moins le fait de l'unité du livre que de l'unité foncière des conceptions fondamentales, qui forment la base de l'enseignement oral, de la doctrine de vie que le maître représente et dont il vit lui-même ; et ce n'est pas dans le manuel, mais dans la conscience de l'élève que doit s'opérer la concentration.

Il n'en demeure pas moins que les leçons de lecture doivent s'efforcer de mettre l'écolier à même de lire, avec intelligence et profit, un ouvrage d'un certain volume. Non seulement les extraits s'étendent à mesure que s'étend la puissance intellectuelle des élèves, mais à la fin de la scolarité, quelque œuvre entière, de 60, 80, 100 pages, devrait, sinon se substituer au manuel, du moins être lu parallèlement. Le maître initiera les adolescents à la vraie méthode pour analyser un livre, en approprier et posséder le contenu, par cette lecture lente et réfléchie qui, seule, est profitable et que tant de jeunes gens et de jeunes filles ignorent. A quoi bon l'enseignement de la lecture scolaire, si elle ne prépare pas à la lecture de la vie ? Or, la lecture de la vie, c'est celle du livre réconfortant lentement lu et absorbé.

Tous les écoliers doivent posséder le même ouvrage afin de permettre la leçon collective. Il sera intéressant et bienfaisant ; bienfaisant, parce que le commerce prolongé avec une œuvre unique doit déposer dans l'âme un résidu notable d'énergie et de bonne volonté ; intéressant, pour soutenir l'attention et l'effort pendant un laps de temps relativement long.

Les élèves sont laissés, le plus possible, dans les conditions mêmes de la lecture de la vie : ils communiquent directement avec l'auteur et le texte.

1. Le maître se contente de donner quelques conseils sur la façon la plus fructueuse de lire. Il désigne un certain nombre de pages qui doivent être lues à domicile pour la prochaine leçon.

2. Revenus en classe, les enfants donnent le compte rendu oral de leur lecture. Ils disent d'abord le sens général, la pensée essentielle de l'auteur dans le chapitre lu, puis les idées qui en forment le développement. Le maître juge ces comptes rendus, les apprécie, les corrige, indique les défauts, les contresens, les méprises, les superficialités étourdies.

3. Les élèves demandent des explications sur les détails qu'ils n'ont pas compris ou sur lesquels ils désirent un complément d'information.

4. Le maître interroge les élèves sur les détails qu'il soupçonne être sujets à caution ; il vérifie s'ils ont été correctement saisis.

5. La causerie sur le contenu peut alors s'organiser autour du sujet, comme dans la lecture « commentée ».

6. Les divisions logiques de l'ouvrage fournissent l'occasion d'arrêts, de récapitulations, de

vues d'ensemble synthétiques, qui élargissent l'esprit, lui apprennent à organiser les idées particulières et les impressions menues et successives.

Les deux ou trois œuvres entières ainsi parcourues doivent être naturellement de genres et de sujets différents.

Mais ce n'est pas tout ; les élèves sont entraînés progressivement à utiliser systématiquement les ressources d'instruction de la bibliothèque. A cet effet, les livres sont judicieusement choisis en rapport avec le programme. Les leçons importantes de chaque branche ont, dans la bibliothèque, quelque ouvrage qui leur corresponde, en plusieurs exemplaires souvent. Histoire, géographie, devoirs civiques, morale, voire dessin et gymnastique, chacune des disciplines s'enseigne avec l'aide et l'utilisation fréquente de la collection des livres comme de la collection des tableaux. A chaque instant le maître se réfère à un volume qui s'y trouve ; il prie un élève d'aller le prendre, de l'ouvrir à telle page et d'en lire un passage. A propos d'une leçon de morale, il conseille et recommande de lire telle œuvre, comme lecture privée, et les élèves s'annoncent qui la désirent emprunter. A propos d'une leçon de géographie prévue pour la semaine suivante, il prête un livre de voyage à tel écolier, le prie de le parcourir, d'en préparer un compte rendu pittoresque et détaillé. Le moment venu, c'est l'élève qui fait la leçon, décrit le pays, d'après sa lecture, conte les aventures pittoresques, montre sur la carte les montagnes, les rivières, les lieux remarquables. Le maître n'a qu'à compléter, préciser quelques détails, qu'à diriger une récapitulation systématique et finale ; la classe de géographie est terminée. D'autres ont emprunté des volumes, il y a quelques semaines. Le maître y fait allusion, dans sa leçon d'histoire d'aujourd'hui et leur demande de narrer tel fait qui s'y trouvent rapporté. La classe et la bibliothèque se trouvent ainsi en continuelles, en intimes relations. On s'y reporte, on l'utilise à chaque occasion propice, on la fait participer à toute la vie studieuse de l'école. Ainsi, par expérience, les élèves sont habitués à manier les livres, à s'en servir comme instruments de travail et d'instruction.

Qu'à côté de cette bibliothèque proprement scolaire dont les maîtres ingénieux tireront un profitable parti, rien n'empêche d'organiser une bibliothèque récréative ; l'une conduit naturellement à l'autre. Il ne suffit pas, en effet, de mettre de bonnes et belles œuvres à la disposition des jeunes gens ; il faut encore leur former des lecteurs. Il ne suffit pas de procurer des livres ; il faut encore apprendre à les lire par l'intelligence et le cœur et non pas seulement des yeux.

CONCLUSION

Que l'enfant saisisse la réalité mentale sous l'enveloppe des mots, que son esprit communique avec la pensée par l'intermédiaire des lettres, qu'il voie, entende, pense et sente sur un texte imprimé et inerte, voilà le but vers lequel doit tendre l'enseignement de la lecture, auquel nous parvenons par une série d'exercices prolongés et systématiques. Quand l'élève a saisi le sens de chaque mot, le sens même de chaque phrase, il n'y a pas encore lecture intelligente; celle-ci exige la synthèse des sens particuliers, la représentation totale. Alors seulement le contact s'établit entre le lecteur et l'écrivain, les sentiments s'éveillent, et le vouloir prend parti. Une telle lecture exige l'effort, l'attention, la concentration intérieure et c'est à ces qualités laborieuses que nous avons essayé d'habituer nos écoliers.

Notre souci est donc moins de tout rendre clair à force d'explications et de simplifications que d'apprendre à comprendre, à profiter, à jouir. Beaucoup se fatiguent à éclaircir toute difficulté, lisent, exposent, commentent, questionnent, développent ou résument avec un zèle indiscret. Ne peuvent-ils pas craindre d'avoir mésusé de leur temps, abusé l'esprit de l'élève, tué le goût et le désir de lire ? car comment lira-t-il, le maître une fois absent, celui qui n'a jamais lu par lui-même ? Il a entendu lire, mais il n'a point appris à lire. N'écartez pas les difficultés, mais montrez comment on les surmonte. Il est même utile que le livre de lecture ne soit pas trop facile, car il faut que l'élève, tenu au-dessus de sa tâche, n'arrive à le dominer, à le posséder que par l'effort et la peine qui seuls virilisent.

L'école ne peut se contenter de produire des impressions passagères. Elle a pour devoir de communiquer des habitudes et des capacités. L'enseignement de la lecture fait acquérir la capacité de lire, de comprendre et de s'approprier un texte, et cela par un labeur personnel, méthodique et persévérant. C'est pourquoi nous avons obligé l'élève lui-même à saisir le sens du texte, à l'en extraire, à se l'assimiler. Nous l'avons rendu capable, non seulement de découvrir, mais de juger la pensée de l'auteur, d'adopter à son endroit une attitude consciente et volontaire. Il sait lire maintenant ; notre tâche est finie.

APPENDICE

INTERPRÉTATION EURISTIQUE D'UNE POÉSIE

Leçon d'épreuve
à l'Ecole d'application du Séminaire pédagogique
de l'Université d'Iéna

Nous avons exposé le mode d'après lequel nous concevions l'interprétation d'un morceau à contenu lyrique. Cette initiation des écoliers à l'intelligence d'une poésie, intelligence du cœur aussi bien que du cerveau, a été choisie comme leçon d'épreuve par un jeune maître à l'Ecole d'application du Séminaire pédagogique de l'Université d'Iéna. Nous transcrivons simplement les notes que nous avons prises au cours de cette leçon ; elles sont intéressantes en ce qu'elles montrent par le fait une façon nouvelle pour plusieurs d'interpréter une poésie et aussi en ce qu'elles décrivent l'un des exercices les plus en honneur dans cette remarquable et curieuse institution.

I

Cette interprétation a exigé deux heures de leçon de langue maternelle, l'une le lundi 27 novembre ; l'autre, celle qui a constitué la leçon d'épreuve, le mardi 28 novembre 1905, dans la première classe de l'école d'application. Cette classe est composée de grands garçons de quatorze à quinze ans, qui terminent leur huitième et dernière année d'école primaire. La fête de Pâques leur apportera, en même temps que ses fleurs et sa verdure, la liberté. Ce sont, en somme, de très bons élèves ; presque tous ont parcouru le cycle complet de leur école primaire ici-même. Ils sont rompus aux méthodes, aux exercices habituels de l'école.

La poésie qui leur est destinée n'est pas tirée de leur livre de lecture. M. J. l'a empruntée à un recueil de morceaux choisis de poètes contemporains. Ce morceau a pu paraître, au premier abord, un peu difficile. L'action est cependant assez simple ; il s'agit d'un sauvetage au milieu d'une tempête sur la mer du Nord. La difficulté réside plutôt dans un certain nombre de mots nouveaux ou rares (Wrak, Sandbank, etc.), dans quelques figures poétiques (les hurlements des flots, etc.), dans la personnification des forces de la nature (les vagues sont comparées à une troupe de chevaux écumeux et bondissants), dans le raccourci hardi de la narration. L'ordinaire explication déductive, qui prend le texte comme point de départ, aurait dû s'arrêter à chaque vers, à chaque mot, et l'on peut deviner ce qu'il serait resté, en fin de compte, de la belle ardeur lyrique qui anime toute cette poésie. L'explication euristique, qui monte vers le texte au lieu d'en descendre, pour être un peu plus difficile, est d'autant plus féconde et méritoire.

Le *Nis Randers* d'Otto Ernst requiert quelques représentations mentales en dehors du cercle d'expérience des élèves. Tout cependant ne leur est pas étranger. Les leçons de géographie leur ont fait connaître la mer du Nord, ses côtes et leurs habitants. Ils ont eu maintes fois l'occasion de lire ou d'entendre quelque récit de naufrage. Le but de la leçon préparatoire sera donc de rappeler et de rassembler ces notions éparses et quelque peu effacées, d'y ajouter les idées et les images nouvelles nécessaires à l'intelligence du morceau, d'en faire un tout bien lié, clair et précis.

Le maître entre. Les élèves se lèvent. Sur un signe, ils s'asseyent. Le dos au dossier du banc, les mains sur la table, ils écoutent. Ni cahiers, ni livres, ni plumes ne traînent sur les bancs. Le maître indique immédiatement le sujet de la leçon : « Nous étudierons aujourd'hui une tempête dans la mer du Nord. Montrez-moi, sur la carte, la mer du Nord. » Les élèves lèvent la main. Le maître en désigne un, qui se rend à la carte et indique du geste les limites de la mer du Nord, tandis qu'un second élève, debout à sa place, les dénomme. Quelles sont les contrées allemandes baignées par cette mer? La Frise. Quel aspect présente la côte frisonne? Une plaine basse, uniforme, nue, terminée par une digue, contre laquelle vient déferler la mer après avoir roulé sur d'immenses bancs de sable. La digue défend la côte contre la marée, surtout contre les mauvaises marées d'automne, contre la tempête aussi. Les vagues démolissent les digues ; il faut les réparer aussitôt, afin de préserver de l'inondation le village de pêcheurs voisin. Au cours de ce rapide aperçu sont expliqués certains mots employés dans la poésie (Sandbank, Brandung, etc.).

La rude nature frisonne réclame un peuple fort, hardi, dur et persévérant. Les Frisons ont un corps d'une vigoureuse structure (hohes, hartes Friesengewaechs). Et leur âme calme, posée, n'est pas moins vigoureusement trempée. Ils ont leur langage à eux, et leurs noms à eux, que le reste de l'Allemagne ne connaît pas : Uwe, Nis, Momme, Klas, etc. Voyons-les à l'action. L'orage gronde. Quelques pêcheurs circulent sur la rive. Ils surveillent les digues, en bouchent immédiatement les fissures. Ils surveillent la haute mer aussi, car un bateau en dérive peut être poussé vers la côte. Alors, malheur à lui ! Brusquement il s'arrête, la proue enfoncée dans le sable mou, — échoué. Les flots se précipitent sur cet obstacle, le soulèvent, le laissent retomber, le secouent, le désemparent. Les matelots sont emportés par des paquets d'eau. Quelques-uns réussissent à grimper aux cordages, à se cramponner aux mâts. Et, là, ils agitent des linges ; ils crient. Peut-être les a-t-on entendus de la côte, ou aperçus à la lueur des éclairs ?

A ce moment, le maître saisit un tableau dissimulé derrière le pupitre et le place sur un chevalet *ad hoc*. C'est une reproduction de grand format d'une toile de J.-V. Cissaz, « Nuit orageuse d'automne sur la mer du Nord ». Une côte basse, désolée ; des vagues déferlent, blanches dans la nuit noire. Des gens courent vers la grève. Où vont-ils ? Vers le bateau de secours, sans doute. Ils ont aperçu un navire en danger. Ils vont affronter la tempête pour essayer, au péril de leur vie, de sauver les matelots et les passagers.

Au cours de la leçon, les mots principaux et les mots inconnus ont été écrits au tableau. A l'aide de ces mots, deux ou trois élèves ont été invités à résumer toute la leçon.

Ce que je n'ai pas dit, ce que je n'ai pu dire, dans cette sommaire esquisse, c'est que l'instituteur n'a jamais employé cette forme expositive dont j'ai dû me servir. Toute la leçon n'a été qu'une conversation rapide, mouvementée entre les élèves et le maître. Tous les traits de cette description, à très peu d'exception près, ont été trouvés par les élèves. Le maître posait la question et attendait. Les élèves réfléchissaient et, dès qu'ils avaient trouvé une réponse convenable, levaient la main. Lorsque seulement un certain nombre de mains s'étaient levées, le maître désignait l'élève qui avait à répondre. Ceux qui jugeaient sa réponse insuffisante levaient une seconde fois, une troisième fois la main et la complétaient. Les répétitions géographiques préliminaires ont été données avec bonne volonté, mais sans grand entrain. Dans la description de la tempête, du naufrage, les imaginations se sont ouvertes et les langues se sont déliées. Le tableau a servi de base à l'envol des idées. Au souvenir des lectures, des récits d'autrefois, c'est à qui fournirait le plus de détails et les plus frappants. Les garçons ont trouvé eux-mêmes pour caractériser tel trait, des expressions imagées qui ne laissaient pas de se rapprocher des expressions mêmes de la poésie, de cette poésie dont ils ne savaient rien encore.

II

Voici venir l'heure, toujours émotionnante pour celui qui doit monter à l'estrade, de la leçon d'épreuve hebdomadaire. La grande salle de l'école se remplit de messieurs, de dames, membres actifs ou passifs du Séminaire pédagogique. Ils se rangent dans les côtés. M. Rein, professeur de pédagogie à l'Université, fondateur et directeur de l'école, entre à son tour, grand et fort, très bienveillant et très simple. Il salue ; ses yeux derrière de grosses lunettes ; sa bouche sourit dans une barbe grisonnante; il tend la main à quelques voisins et cause un instant avec celui-ci, avec celui-là. Il n'a rien de cette pose raide et pontifiante que l'on prête volontiers aux professeurs, et, à plus forte raison, aux pédagogues d'Outre-Rhin. Et, le long des murs, les bustes blancs de Charles-Alexandre, grand duc défunt de Saxe-Weimar, de l'empereur Guillaume II, de Stoy et de Ziller, les deux disciples de Herbart, maîtres successifs de M. Rein, semblent vouloir eux aussi surveiller et juger la leçon. Mais les garçons de la première classe sont entrés. Ils ont pris place dans les bancs, au milieu de la salle, peu impressionnés par cette mise en scène qu'ils ont eu maintes fois l'occasion de connaître. Sur le tableau sont encore écrits les mots qui résumaient la leçon d'hier. La carte de l'Allemagne fait pendant à la reproduction coloriée de la toile de Cissaz. Cet appareil a pour but de faciliter et d'abréger la répétition de la leçon précédente, de donner une base matérielle, intuitive, aux pensées plus intimes, aux sentiments plus profonds que la leçon d'aujourd'hui doit éveiller, car c'est l'âme même de la poésie qu'il faut communiquer aux enfants, et de telle façon et avec une telle gradation qu'à un moment donné, la poésie, avec ses mots spéciaux, ses images et son rythme, devienne comme l'expression naturelle, spontanée de leur émotion.

Le maître fait répéter très vivement la leçon d'hier. Les regards et les gestes courent de la table noire à la carte, à la peinture. Les notions géographiques sont lestement expédiées. La tempête retient un peu plus de temps l'attention ; les mots écrits au tableau sont expliqués. Et le maître indique le sujet de la leçon d'aujourd'hui : « Nous allons raconter un sauvetage au milieu d'une tempête dans la mer du Nord. » Ici encore, je ne puis qu'exposer la marche de la leçon dans ses différentes phases. Que l'on se souvienne constamment que ce récit, ce sont les écoliers eux-mêmes qui l'ont construit. Les personnages, et leurs actes, et leurs sentiments, et leurs paroles, ils ont quasiment tout trouvé. Le maître a posé quelques questions tout d'abord. Mais une fois le sujet lancé, il n'a vraiment eu qu'à le laisser marcher tout seul ; les élèves se sont mutuellement entraînés dans cette chasse aux détails de l'action, à la description des sentiments. M. J. n'a dû que veiller à ce que l'on ne sorte pas du sujet, qu'indiquer aux esprits en éveil la piste à suivre.

Un village, non loin de la digue. La cabane d'un pêcheur. Une femme, vieille, usée, lit dans un vieux livre. Qui est-ce ? La femme du pêcheur. Mais elle lève souvent la tête et regarde au dehors, anxieuse. A qui pense-t-elle ? A ses enfants, à son mari. Ils sont sur la digue, sans doute ; en mer, peut-être. La journée a été orageuse. Le soir est franchement mauvais. Le vent fait rage. Le tonnerre gronde dans le lointain. Et la vieille mère devient toujours plus anxieuse et pensive.

Un jeune homme entre; c'est son fils, Nis Randers. Il vient de la côte.

— « Mère, à quoi penses-tu ? » A un autre fils, à Uwe. Il est parti, il y a trois ans; depuis, plus de nouvelles. — « Mais Uwe reviendra! » — Non, car la mer, qui a pris à la vieille femme du pêcheur, son homme d'abord, puis son aîné Momme, a pris Uwe à son tour, sûrement. — « Mais, moi, je te reste, mère ! »

La tempête monte, toujours plus violente. Une voix au dehors : « Nis, Nis, viens donc, un navire échoué ! » Et Nis, tranquillement, avec le sentiment du devoir : « Je vais ! » Mais elle : « Non ne va pas; tu me restes seul; la mer m'a pris les autres! » Mais Nis court à la grève, la mère le suit, dans la pluie et le vent. Les éclairs se succèdent, ininterrompus. A leur lueur, on voit, là-bas, se profiler la mâture d'un navire. Une forme noire se cramponne aux cordages : un homme. Nis saute dans le canot, et d'autres avec lui, tandis que la pauvre vieille se lamente. Et maintenant ?...

Tandis que les mains se lèvent, impatientes, pour continuer le récit, le maître s'écrie : Ecoutez! et prenant le livre, il lut la poésie, d'un trait, sans autre explication.

NIS RANDERS

Des craquements, des hurlements et la nuit sillonnée,
Les ténèbres et les flammes en une chasse enragée.
    Un cri au milieu de l'ouragan !

Dans l'incendie du ciel, on aperçoit distinctement
Un bateau échoué. Les flots le secouent encore ;
    Bientôt l'abîme l'emportera.

Nis Randers regarde et, sans s'échauffer,
Il parle : « Un homme se cramponne au mât ;
    Nous devons l'aller quérir. »

Sa mère le saisit : « Toi, ne t'embarque pas !
Je veux te garder ; tu me restes seul ;
    Je le veux, moi, ta mère.

Krachen und Heulen und berstende Nacht,
Dunkel und Flammen in rasender Jagd.
    Ein Schrei durch die Brandung !

Und brennt der Himmel, so sieht man's gut :
Ein Wrack, auf der Sandbank ! Noch wiegt es die Flut ;
    Gleich holt sich's der Abgrund.

Nis Randers lugt — und ohne Hast
Spricht er : « Da hängt noch ein Mann im Mast :
    Wir müssen ihn holen. »

Da fasst ihn die Mutter : « Du steigst mir nicht ein !
Dich will ich behalten, du bleibst mir allein,
    Ich will's, deine Mutter !

Ton père s'est noyé et Momme, mon fils ;
Depuis trois ans déjà Uwe a disparu,
    Mon Uwe, mon Uwe. »

Nis s'avance sur le pont. Sa mère le poursuit.
Il montre l'épave et dit tranquillement :
    « Et sa mère, à lui ? »

Voici qu'il saute dans le canot et avec lui six encore,
Gars robustes et forts de la Frise ;
    Les rames clapottent déjà.

Le bateau se dresse ; le bateau plonge ; une danse d'enfer !
Il doit être maintenant disloqué ! Non, il demeure entier.
    Combien de temps ? Combien ?

Avec des cravaches de feu, la mer fouette
Ses chevaux mangeurs d'hommes ;
    Ils halètent ; ils écument.

Dein Vater ging unter und Momme, mein Sohn ;
Drei Jahre verschollen ist Uwe schon,
    Mein Uwe, mein Uwe ! »

Nis tritt auf die Brücke, die Mutter ihm nach :
Er weist nach dem Wrack und spricht gemach :
    « Und seine Mutter ! »

Nun springt er ins Boot und mit ihm noch sechs,
Hohes, hartes Friesengewächs :
    Schon sausen die Ruder.

Boot oben, Boot unten, ein Höllentanz !
Nun muss es zerschmettern... ! Nein : es blieb ganz ?
    Wie lange ? Wie lange ?

Mit feurigen Geisseln peitscht das Meer.
Die menschenfressenden Rosse daher ;
    Sie schnauben und schäumen.

Comme une ardeur furieuse les fait se cabrer tous !
Ils se bondissent sur la croupe les uns des autres
    Avec leurs sabots trépignants.

Trois tempêtes ensemble ! L'horizon est maintenant de feu.
Quoi donc ? Un canot qui cingle vers la terre ?
    Ce sont eux ! Ils viennent !

Les oreilles, les yeux, attentifs, dans la nuit.....
Silence ! l'un d'eux ne crie-t-il pas ? Il crie dans ses mains :
    « Dis, mère, c'est Uwe ! »

Wie hechelnde Hast sie zusammenzwingt !
Eins auf den Nacken des andern springt
    Mit stampfenden Hufen !

Drei Wetter zusammen ! Nun brennt die Welt !
Was da ! — Ein Boot, das landwärts hält —
    Sie sind es : Sie kommen ! —

Und Auge und Ohr ins Dunkel gespannt.....
Still — ruft da nicht einer ? — Er schreit's durch die Hand :
    « *Sagt Mutter, s'ist Uwe !* »

Les strophes, bondissantes, elles aussi, comme la mer qu'elles décrivent, furent écoutées avec une visible émotion. Ces grands garçons, élevés graduellement au diapason du morceau sous l'entraînante excitation du maître, un nerveux enthousiaste, lui aussi, quoique Frison, ont vraiment senti et vécu ces vers tumultueux. Les images audacieuses ont été comprises directement, au moyen même des sentiments qu'elles expriment. Encore qu'ils n'eussent pas pu rendre un compte précis, technique des beautés poétiques de ce morceau, les élèves ont, ce qui vaut mieux, frissonné au contact de l'art. Chacun d'eux reçut aussitôt un exemplaire dactylographié de la poésie ; ils la relurent en silence ; puis, afin de donner une issue à leurs impressions, ils eurent à narrer, en une immédiate composition, la fin de l'histoire, l'arrivée de Nis et d'Uwe à la côte et dans la maison paternelle.

Cette leçon n'a pas duré plus d'une demi-heure.

III

J'aurais voulu pouvoir décrire la seconde partie de la leçon d'épreuve, la critique, dans tout son ordinaire appareil. Elle a lieu, régulièrement, le jeudi soir, dans la grande salle de l'hôtel *Zur Sonne*. A 8 h. 1/2, la séance s'ouvre, sous la présidence de M. Rein. Le protocole de la séance précédente est lu; les diverses communications concernant le séminaire pédagogique sont portées à la connaissance des membres tant actifs que passifs ; l'appel nominal est fait. Le maître qui a donné la leçon d'épreuve le mardi matin se lève et justifie son plan, sa méthode, ses procédés. Un rapporteur désigné d'avance se lève à son tour et lit une critique bien soignée, systématique, fouillée, de la leçon. Il en dit du bien quelquefois ; il en dit le plus souvent du mal, c'est dans son rôle. Et l'on discute. Sous la clarté blanche des lampes à incandescence, le long des tables en fer à cheval, messieurs les pédagogues émettent de longs raisonnements, arrosés de temps à autre d'une lampée de bière blonde. Le jeune maître défend ses idées et leur application à corps et à cri. Les hauts principes sont invoqués. On en appelle au grand Herbart, — le maître. On sort bien quelquefois du sujet. Maint philosophe s'évade de la salle enfumée pour s'enlever d'un envol majestueux dans le ciel de la métaphysique. Tel autre, anarchiste dangereux, essaye de violer l'intangibilité des lois admises et de secouer l'autorité des systèmes traditionnels.

Hélas, un fâcheux contretemps a fait que la séance ne s'est tenue, le jeudi soir, que dans une vulgaire salle de cours de l'Université. Aucun rapporteur n'avait été chargé du rôle d'avocat du diable. Il semble que ces circonstances ont nui à la verve critique des auditeurs. M. J. a d'abord présenté la justification théorique de sa leçon. Je n'en citerai que les parties saillantes. Il a choisi un morceau contemporain afin de rajeunir un peu et de varier les leçons de langue maternelle. Le morceau a été préparé non par une analyse méthodique, grammaticale, du texte, mais par une introduction synthétique, intuitive, qui du contenu monte vers le texte. Quant à la lecture de la poésie, M. J. remarque de bonne grâce qu'elle a été trop rapide, trop bruyante, pas assez nuancée. M. J. s'est emporté lui-même dans l'entraînement d'une leçon très vivement menée. Et maintenant comment les élèves vont-ils travailler sur cette poésie ? M. J. s'est contenté de la leur laisser lire silencieusement. A son avis, une poésie se contemple, se goûte en silence, comme un tableau, comme une œuvre d'art. Les expressions inhabiles des élèves ne serviraient qu'à ternir et gâter le sentiment intime, qui est le but propre d'une telle leçon. Pour vérifier cependant si ce but a été atteint, pour permettre aux impressions de se manifester, le maître a fait raconter par écrit, en une composition immédiate, l'arrivée de Nis et d'Uwe au rivage, la joie de la mère, etc. Il a pensé d'abord faire narrer en prose ce que les strophes disent en vers; il a craint que la prose inexpérimentée des enfants fît tort à la poésie. Il a pensé ensuite exiger une analyse des sentiments et des impressions provoqués par la lecture de ces vers; une pareille analyse est trop difficile pour des élèves d'école primaire. Il s'est arrêté au choix que j'ai dit, et l'expérience a montré qu'il avait raison. Les devoirs étaient tous plus ou moins animés de cette chaleur personnelle, intérieure, qui ne provient que d'une émotion vraie; ils étaient plus longs et surtout meilleurs que la moyenne ordinaire des compositions.

Les collègues de M. J. n'ont pas tous été de cet avis. Certes, il est bon, il est nécessaire de faire goûter silencieusement, intimement une poésie bien préparée et bien lue. Mais dans les heures suivantes, ne peut-elle pas servir de leçon de lecture? Si les écoliers se contentent de parcourir des yeux les textes qu'ils comprennent et sentent, quand et comment apprendront-ils à lire correctement et convenablement? S'ils ont vraiment été saisis par la beauté des strophes enchanteresses, ils auront, au contraire, besoin d'exprimer à haute voix leur sentiment. Et les garçons de la première classe n'ont-ils pas demandé, dans la leçon suivante, à relire le *Nis Randers* d'Otto Ernst?

Cette poésie doit-elle être apprise par cœur? Les avis ont singulièrement divergé. Les uns, par réaction contre l'abus de la mémorisation, ont dit énergiquement : non. Les autres, au contraire, ont affirmé la nécessité de la mémorisation d'un certain nombre de morceaux choisis. Quelques-uns laisseraient la mémorisation à l'initiative et à la liberté de l'élève qui, pénétré de la beauté d'une poésie, l'apprendra tout naturellement et spontanément, ce qui est trop attendre de la nature humaine, régie elle aussi, le plus souvent, par la loi du moindre effort. Au reste, ce point était en dehors du sujet de la discussion; on en a remis l'examen à un autre moment.

La préparation euristique du morceau, dans sa partie matérielle surtout, a suggéré à M. Rein une réflexion que j'aurais tort d'omettre. La concentration des diverses branches du programme n'en est pas une confusion. La préparation d'un récit de tempête et de sauvetage sur la mer du Nord n'est pas et ne doit pas être une leçon de géographie. On n'y doit rappeler que les notions absolument nécessaires à l'intelligence du morceau. Pas d'excursions géographiques ou historiques en dehors des leçons d'histoire et de géographie. Un instituteur avait, un jour, jugé bon, au milieu de l'explication d'une poésie où survenait le nom de la ville de Strassbourg, de se permettre une longue digression sur cette ville, son histoire, ses monuments, etc. Son inspecteur avait saisi ce prétexte pour attaquer véhémentement la concentration d'Herbart-Ziller ; il a eu tort de conclure d'un cas particulier blâmable au général. Dans *Nis Randers*, l'intelligence de la poésie a réclamé certaines notions géographiques ; il a fallu les fournir en une leçon préparatoire, c'est bien. Mais cette étude n'aurait-elle pas trouvé une place plus naturelle, plus convenable, dans l'une des leçons de langue maternelle qui eussent suivi les leçons de géographie de l'Allemagne du Nord, sur la Frise, son aspect, ses habitants et leurs mœurs. On aurait ainsi gardé dans les divers enseignements une unité qui aurait facilité le travail et du maître et des élèves.

BIBLIOGRAPHIE

Nous indiquons ci-après quelques ouvrages français récents que les instituteurs pourront consulter avec fruit et quelques œuvres allemandes, spécialement celles qui caractérisent les nouvelles tendances dites *esthétiques* de l'enseignement de la lecture. Cette bibliographie est naturellement loin d'être complète.

I. Ouvrages français

Carré (J.). — *L'Enseignement de la lecture*, monographie pédagogique publiée pour l'Exposition universelle de 1889. Colin, Paris.

Doliveux. — *La Lecture expliquée*, « Revue pédagogique », 15 mars 1905.

Javal (E.). — *Physiologie de la lecture et de l'écriture.* Alcan, Paris.

Maurice (G.). — *L'Enseignement de la langue française à l'école primaire élémentaire.* Filguières, Paris.

Brunot (F.). — *L'Enseignement de la langue française ; ce qu'il est ; ce qu'il devrait être.* Colin, Paris.

Poitrinal (L.). — *Comment enseigner le Français à l'école primaire.* Delagrave, Paris.

Braunschwig (M.). — *L'Art et l'Enfant*. Privat, Toulouse, et Didier, Paris.

Vanby (V.). — *Le débit de la lecture aux divers âges*, « Bulletin de la Société libre pour l'étude psychologique de l'enfant », n° 87, avril 1913. Alcan, Paris.

Guéchot (M.). — *Premier* et *Deuxième livre de lecture expliquée*. Hachette, Paris.

II. Ouvrages allemands

Anthes (O.). — *Dichter und Schulmeister*. Voigtländer, Leipzig.

Lamby (F.). — *Das künstlerisch gestaltete Lesestück*, Beitrag zur praktischen Lösung des Kunsterziehungsfrage. Lang, Carlsruhe.

Linde (E.). — *Moderne Lyrik in schulmässiger Behandlung*. Brandstetter, Leipzig.

— *Poesiestunden*, Zum freudigen Schauen, Geniessen und Vertiefen. Meyer, Hannover.

Lüttge (E.). — *Praxis der Lesebuchbehandlung*. Wunderlich, Leipzig

— *Der stillistische Anschanungsunterricht*, 2 vol., ibidem.

— *Beiträge zur Theorie und Praxis des deutschen Spachunterrichts*, ibidem.

Münch (F.). — *Methodik des deutschen Unterrichts*. Dumont-Schauberg, Köln.

Von Sallwürk (E.). — *Das Gedicht als Kunstwerk*, 2 brochures, Pädag. Magazin. Mann, Langensalza.

Schmidt (M.-A.). — *Kunsterziehung und Gedichtbehandlung*, 2 vol., Kinkhardt, Leipzig.

Kunsterziehung, Ergebnisse und Anregungen des zweiten Kunsterziehungstages zu Weimar, 1903. Voigtländer, Leipzig.

TABLE DES MATIERES

Avant-propos.	1
I. — Pourquoi l'école apprend à lire. . . .	7
II. — L'introduction a l'intelligence du texte .	43
III. — Lire pour profiter	79
IV. — Une leçon de lecture au cours moyen. .	121
V. — La lecture intelligente au cours supérieur	149
VI. — Lire pour jouir	185
VII. — Phase terminale de l'apprentissage de la lecture.	261
Conclusion . . . . , ...	275
Appendice.	279
Bibliographie	297

SAINT-AMAND (CHER). — IMPRIMERIE BUSSIÈRE

www.ingramcontent.com/pod-product-compliance
Lightning Source LLC
Chambersburg PA
CBHW071345150426
43191CB00007B/852